REVIDIERTER BERICHT ÜBER DIE ALGORITHMISCHE SPRACHE

ALGOL 60

BERICHT ÜBER EINGABE- UND AUSGABEPROZEDUREN FÜR

ALGOL 60

ELEKTRONISCHES RECHNEN UND REGELN

Herausgegeben von

Prof. Dr. HANS FRÜHAUF · Prof. Dr. WILHELM KÄMMERER
Prof. Dr. KURT SCHRÖDER · Prof. Dr. HELMUT WINKLER

SONDERBAND 2

REVIDIERTER BERICHT ÜBER DIE ALGORITHMISCHE SPRACHE ALGOL 60

und

BERICHT ÜBER EINGABE- UND AUSGABEPROZEDUREN FÜR ALGOL 60

AKADEMIE-VERLAG · BERLIN
1966

REVIDIERTER BERICHT ÜBER DIE ALGORITHMISCHE SPRACHE ALGOL 60

Zur Erinnerung an
WILLIAM TURANSKI

von

J. W. Backus, F. L. Bauer, J. Green, C. Katz, J. McCarthy,
P. Naur, A. J. Perlis, H. Rutishauser, K. Samelson, B. Vauquois,
J. H. Wegstein, A. van Wijngarden, M. Woodger

herausgegeben von
PETER NAUR

und

BERICHT ÜBER EINGABE- UND AUSGABEPROZEDUREN FÜR ALGOL 60

herausgegeben von
International Federation for Information Processing (IFIP)

In deutscher Sprache bearbeitet und herausgegeben von
GERHARD ZIELKE
Martin-Luther-Universität Halle-Wittenberg
Institut für Numerische Mathematik

AKADEMIE-VERLAG · BERLIN
1966

Übersetzung des REVISED REPORT ON THE ALGORITHMIC LANGUAGE ALGOL 60
Numerische Mathematik 4 (1963) 420—453
Springer-Verlag, Berlin · Göttingen · Heidelberg
Communications of the Association for Computing Machinery 6 (1963) No. 1, S. 1—17
The Computer Journal 5 (1963) 349—367
Regnecentralen, Copenhagen 1962, 43 Seiten
Übersetzung des REPORT ON INPUT-OUTPUT PROCEDURES FOR ALGOL 60
Numerische Mathematik 6 (1964) 459—462
Springer-Verlag, Berlin · Göttingen · Heidelberg · New York
Communications of the Association for Computing Machinery 7 (1964) No. 10, S. 628—630

Deutsche Übersetzung: Dipl.-Math. GERHARD ZIELKE

Erschienen im Akademie-Verlag GmbH, 108 Berlin, Leipziger Str. 3—4
Lizenznummer: 202 · 100/426/66
Gesamtherstellung: VEB Druckerei „Thomas Müntzer", 582 Bad Langensalza
Bestellnummer: 5619 · ES 20 K 3 · Preis: 10,50

VORWORT ZUR DEUTSCHEN AUSGABE

Die algorithmische Formelsprache ALGOL (Abkürzung für *ALGO*rithmic *L*anguage) dient dem Zweck, numerische Rechenprozesse einheitlich, eindeutig und vollständig in einer Form zu beschreiben, die für eine maschinelle Übersetzung in die Sprache eines programmgesteuerten Rechenautomaten geeignet ist. ALGOL stützt sich bei der Formulierung der Rechenprozesse auf die in der Mathematik üblichen Symbole und auf Worte der (englischen) Umgangssprache und nimmt nicht auf Eigenschaften spezieller Rechenautomaten Bezug. Durch die streng standardisierte maschinenunabhängige Form und die relativ leichte Lesbarkeit der Programme hat ALGOL international große Bedeutung erlangt. ALGOL ermöglicht es, die Herstellung von Programmen auf einen Bruchteil der bisher benötigten Zeit zu reduzieren und den größten, den nichtschöpferischen, Teil der Programmierungsarbeit der Maschine aufzubürden. Außerdem bringt ALGOL u. a. noch folgende Vorteile: leichte Verbreitung und internationale Austauschbarkeit von Programmen, rasches Erkennen und Beseitigen von Programmierfehlern, einheitliche Dokumentation.

Die algorithmische Sprache ALGOL wurde 1960 durch den *Report on the Algorithmic Language ALGOL 60* definiert (deutsche Übersetzung, Red. I. O. Kerner, Akademie-Verlag, Berlin 1962). Verschiedene in diesem Bericht enthaltene Fehler und Mängel führten 1962 zur Herausgabe des *Revised Report on the Algorithmic Language ALGOL 60.* Die vorliegende deutsche Fassung stellt die Übersetzung dieses revidierten Berichts dar.

Der Revidierte ALGOL-Bericht ist die derzeit gültige vollständige Definition der algorithmischen Sprache ALGOL 60. Die kurze und präzise Form des Berichts ist ganz dem Zwecke der Definition angepaßt. Als Einführung in ALGOL ist dieser Bericht nicht gedacht und nicht geeignet. Er ist vielmehr Bezugsgrundlage und unentbehrliches Rüstzeug für alle, die näher mit ALGOL zu tun haben.

Die Übersetzung der im Originalbericht enthaltenen ALGOL-Fachwörter ist im deutschen Sprachgebiet nicht einheitlich. Bis auf wenige Ausnahmen wurden hier die Übersetzungen der ersten deutschen Ausgabe gewählt[1]). Die ALGOL-Symbole in umgangssprachlicher Form, die sogenannten Wortsymbole, wie

---

[1]) Die hier verwendete Terminologie stimmt ausnahmslos mit der in dem Buch „Einführung in die algorithmische Sprache ALGOL“, B. G. Teubner Verlagsgesellschaft, Leipzig 1966, benutzten überein.

z. B. **begin, end, integer, go to,** wurden wie in der ersten deutschen Ausgabe auch hier nicht übersetzt, weil sie in dieser Form als Symbole zum Alphabet von ALGOL gehören.

Der Übersetzung wurde ein viersprachiges ALGOL-Wörterbuch beigefügt. Im Gegensatz zur ersten deutschen Ausgabe wurde dieses mit dem Sachwortregister gekoppelte Verzeichnis — zum Vorteil für den deutschen Benutzer — nach den deutschen Begriffen geordnet.

Sowohl im ursprünglichen als auch im Revidierten ALGOL-Bericht wurden Prozesse der Dateneingabe und -ausgabe, wie sie bei der Benutzung von Rechenanlagen notwendig sind, nicht beschrieben. Von der International Federation for Information Processing (IFIP) wurde deshalb im Mai 1964 der *Report on Input-Output Procedures for ALGOL 60* herausgegeben, der 7 Ein- und Ausgabeprozeduren standardisiert. Die deutsche Übersetzung dieses Berichts wurde dem Revidierten ALGOL-Bericht als Anhang beigegeben.

Herrn Prof. Dr. E. Schincke, Direktor des Instituts für Numerische Mathematik der Martin-Luther-Universität Halle-Wittenberg, danke ich für die Unterstützung, die er mir bei der Herausgabe der Berichte zuteil werden ließ. Für Hinweise bei der Übersetzung von Begriffen des *Report on Input-Output Procedures for ALGOL 60* bin ich Herrn Prof. Dr. F. L. Bauer, München, zu Dank verpflichtet. Besonderer Dank gebührt auch Herrn P. J. Laurent, Grenoble, für seine Freundlichkeit, die französischen Übersetzungen der ALGOL-Begriffe auf den neuesten Stand gebracht zu haben.

Halle, im August 1965 Gerhard Zielke

INHALTSVERZEICHNIS

REVIDIERTER BERICHT ÜBER DIE ALGORITHMISCHE SPRACHE ALGOL 60

BERICHT ÜBER EINGABE- UND AUSGABEPROZEDUREN FÜR ALGOL 60

REVIDIERTER BERICHT ÜBER DIE ALGORITHMISCHE SPRACHE ALGOL 60

ZUSAMMENFASSUNG

Dieser Bericht stellt eine vollständige Definition der internationalen algorithmischen Sprache ALGOL 60 dar. Diese Sprache ist geeignet, eine umfassende Klasse numerischer Prozesse in einer Form auszudrücken, die für eine direkte automatische Übersetzung in die Sprache programmgesteuerter Rechenautomaten hinreichend kurz und präzis ist.

Die Einleitung enthält einen Bericht über die vorbereitenden Arbeiten, die zur abschließenden Konferenz führten, auf der die Sprache definiert wurde. Außerdem werden die Begriffe *Bezugssprache*, *Veröffentlichungssprache* und *maschinengebundene Darstellung* erklärt.

Im ersten Kapitel wird ein Überblick über die Grundbestandteile und Wesenszüge der Sprache gegeben und die formale Schreibweise, die zur Definition der Sprache dient, erläutert.

Im zweiten Kapitel werden sämtliche *Grundsymbole* aufgezählt und die syntaktischen Einheiten *Bezeichnung*, *Zahl* und *Zeichenkette* definiert. Ferner werden einige wichtige Begriffe wie *Größe* und *Wert* definiert.

Im dritten Kapitel werden die Regeln zur Bildung von *Ausdrücken* und die Bedeutung der Ausdrücke erklärt. Es gibt drei verschiedene Arten von Ausdrücken: *arithmetische*, *logische* (Boolesche) und *Zielausdrücke*.

Das vierte Kapitel beschreibt die Operationseinheiten der Sprache, die *Anweisungen*. *Grundanweisungen* sind: *Ergibtanweisungen* (Berechnung einer Formel), *Sprunganweisungen* (bestimmte Unterbrechung der Abarbeitungsfolge von Anweisungen), *leere Anweisungen* und *Prozeduranweisungen* (Aufruf zur Ausführung eines geschlossenen Prozesses, der durch eine Prozedurvereinbarung definiert wurde). Die Bildung komplexerer Konstruktionen mit Anweisungscharakter wird erklärt. Dazu gehören: *bedingte Anweisungen*, *Laufanweisungen*, *Verbundanweisungen* und *Blöcke*.

Im fünften Kapitel werden die *Vereinbarungen* definiert. Sie dienen zur Definition fester Eigenschaften von Einheiten, die in den durch die Sprache beschriebenen Prozeß eingebracht werden.

Der Bericht schließt mit zwei detaillierten Beispielen zum Gebrauch der Sprache und einem alphabetischen Verzeichnis der Definitionen.

EINLEITUNG

Vorgeschichte

Nach der Veröffentlichung[1, 2]) eines vorläufigen Berichtes über die algorithmische Sprache ALGOL, der auf einer Konferenz in Zürich im Jahre 1958 vorbereitet wurde, entwickelte sich großes Interesse an der ALGOL-Sprache.

Als Ergebnis eines zwanglosen Treffens im November 1958 in Mainz nahmen etwa 40 interessierte Personen aus verschiedenen europäischen Ländern an einer Konferenz über den praktischen Einsatz von ALGOL teil, die im Februar 1959 in Kopenhagen stattfand. Es wurde eine Arbeitsgruppe für gerätemäßige Belange gegründet, der die Zusammenarbeit und Koordinierung bis herab zur Lochbandcodierung oblag. Diese Konferenz führte außerdem zur Veröffentlichung eines *ALGOL-Bulletins* durch Regnecentralen, Kopenhagen, herausgegeben von Peter Naur, welches als Forum für weitere Diskussionen diente. Während der ICIP-Konferenz im Juni 1959 in Paris fanden verschiedene Zusammenkünfte, formelle und informelle, statt. Auf diesen Zusammenkünften traten einige Mißverständnisse über die Ziele der Gruppe zu Tage, die ursprünglich für die Formulierung der Sprache verantwortlich war. Gleichzeitig wurde aber auch bekannt, daß die Arbeit der Gruppe eine weite Anerkennung gefunden hat. Als ein Ergebnis der Besprechungen wurde beschlossen, ein internationales Treffen zur Verbesserung der ALGOL-Sprache und Vorbereitung des endgültigen Berichtes im Januar 1960 abzuhalten. Auf einer europäischen ALGOL-Konferenz in Paris im November 1959, an der etwa 50 Personen teilnahmen, wurden sieben europäische Vertreter zur Teilnahme an der Konferenz im Januar 1960 ausgewählt. Diese vertraten die folgenden Organisationen: Association Française de Calcul, British Computer Society, Gesellschaft für Angewandte Mathematik und Mechanik, Nederlands Rekenmachine Genootschap. Die sieben Vertreter hielten ein letztes vorbereitendes Treffen im Dezember 1959 in Mainz ab.

Unterdessen wurde in den Vereinigten Staaten jeder, der Änderungen oder Verbesserungen zu ALGOL vorschlagen wollte, aufgefordert, seine Bemer-

---

[1]) Preliminary report — International Algebraic Language. Comm. Assoc. Comp. Mach. 1 (1958), No. 12, S. 8—22.

[2]) Report on the Algorithmic Language ALGOL by the ACM Committee on Programming Languages and the GAMM Committee on Programming, herausgegeben von A. J. Perlis und K. Samelson. Numerische Mathematik 1 (1959), S. 41—60.

kungen an die *Communications of the ACM* zu schicken, wo sie veröffentlicht wurden. Diese Beiträge bildeten dann die Grundlage bei der Diskussion über Änderungen der ALGOL-Sprache. Die SHARE- und die USE-Organisation richteten ALGOL-Arbeitsgruppen ein, und beide Organisationen waren im ACM-Komitee für Programmierungssprachen vertreten. Das ACM-Komitee kam im November 1959 in Washington zusammen und bearbeitete die an die *ACM-Communications* eingesandten Bemerkungen. Es wurden ebenfalls sieben Vertreter zur Teilnahme an der internationalen Konferenz im Januar 1960 ausgewählt. Diese sieben Vertreter hielten ein letztes vorbereitendes Treffen im Dezember 1959 in Boston ab.

Die Konferenz im Januar 1960

Die Konferenz der 13 Vertreter[1]) aus Dänemark, England, Frankreich, Deutschland, Holland, der Schweiz und den Vereinigten Staaten fand vom 11.—16. Januar in Paris statt.

Vor diesem Treffen wurde aus dem vorläufigen Bericht und den Empfehlungen der Vorbereitungstreffen von PETER NAUR ein völlig neuer Berichtsentwurf angefertigt. Die Konferenz nahm diesen neuen Entwurf als Grundlage für ihren Bericht an und versuchte dann, für jeden Punkt des Berichtes Übereinstimmung zu erzielen. Der vorliegende Bericht stellt die Vereinigung der Grundideen des Komitees und den Durchschnitt seiner Übereinstimmungen dar.

Die Konferenz im April 1962

(herausgegeben von M. WOODGER)

Vom 2.—3. April 1962 fand in Rom (Italien) mit freundlicher Unterstützung des Internationalen Rechenzentrums eine Zusammenkunft einiger der Autoren von ALGOL 60 statt. Anwesend waren:

Autoren	*Berater*	*Beobachter*
F. L. BAUER	M. PAUL	W. L. VAN DER POEL
J. GREEN	R. FRANCIOTTI	(Vorsitzender der
C. KATZ	P. Z. INGERMAN	Arbeitsgruppe ALGOL
R. KOGON		der IFIP TC 2.1)
(Vertreter von J. W. BACKUS)		
P. NAUR		
K. SAMELSON	G. SEEGMÜLLER	
J. H. WEGSTEIN	R. E. UTMAN	
A. VAN WIJNGAARDEN		
M. WOODGER	P. LANDIN	

[1]) WILLIAM TURANSKI aus der amerikanischen Gruppe wurde unmittelbar vor der Konferenz im Januar 1960 durch ein Auto getötet.

Zweck des Treffens war, bekannt gewordene Fehler im ALGOL 60-Bericht zu korrigieren und zu versuchen, augenscheinliche Doppeldeutigkeiten und Unklarheiten zu beseitigen. Erweiterungen der Sprache wurden während des Treffens nicht in Betracht gezogen. Verschiedene Vorschläge zur Berichtigung und Klarstellung, die von interessierten Kreisen als Antwort auf die Befragung im *ALGOL-Bulletin* No. 14 unterbreitet wurden, dienten als Richtschnur.

Dieser Bericht[1]) stellt ein Supplement zum ALGOL 60-Bericht dar, das einige darin enthaltene Ungenauigkeiten behebt. Nicht alle aus dem Originalbericht hervorgehenden Fragen konnten geklärt werden. Um in einigen subtilen Punkten voreilige Schlüsse zu vermeiden, die neue Doppeldeutigkeiten hätten hervorrufen können, entschloß sich das Komitee, nur über solche Punkte zu berichten, die einmütig in klarer und eindeutiger Fassung formuliert werden konnten.

Fragestellungen aus den folgenden Gebieten wurden im Hinblick darauf, daß die Weiterentwicklung der fortgeschrittenen Programmierungssprachen zu besseren Lösungen führen wird, der IFIP-Arbeitsgruppe 2.1 zur weiteren Behandlung übergeben:

1. Nebeneffekte von Funktionen.
2. Aufruf des Namens.
3. **own**: statisch oder dynamisch.
4. Laufanweisung: statisch oder dynamisch.
5. Diskrepanz zwischen Benennung und Vereinbarung.

Die auf der Konferenz in Rom anwesenden und von der Bildung der ALGOL-Arbeitsgruppe der IFIP unterrichteten Autoren des ALGOL 60-Berichts akzeptierten, daß jede kollektive Verantwortlichkeit, welche ihnen hinsichtlich der Entwicklung, Spezifizierung und Verfeinerung der ALGOL-Sprache erwachsen könnte, von nun ab diesem Gremium übertragen wird.

Dieser Bericht wurde vom IFIP TC 2 Programmierungssprachen im August 1962 geprüft und vom Council of the International Federation for Information Processing genehmigt.

---

[1]) Anmerkung des Herausgebers: Die vorliegende Ausgabe folgt dem Text, der vom Council of IFIP gebilligt wurde. Obgleich es aus der Einleitung nicht klar hervorgeht, ist die vorliegende Fassung identisch mit dem Originalbericht der Konferenz vom Januar 1960 modifiziert gemäß den Vereinbarungen, die während der Konferenz im April 1962 erzielt wurden. Der erwähnte Bericht ist also in der vorliegenden Fassung enthalten. Der Originalbericht wurde in folgenden Abschnitten geändert[2]):
Änderungen des Textes: 1 mit Fußnote; 2.1 Fußnote; 2.3; 2.7; 3.3.3; 3.3.4.2; 4.1.3; 4.2.3; 4.2.4; 4.3.4; 4.7.3; 4.7.3.1; 4.7.3.3; 4.7.5.1; 4.7.5.4; 4.7.6; 5; 5.3.3; 5.3.5; 5.4.3; 5.4.4; 5.4.5.
Änderungen der Syntax: 3.4.1; 4.1.1; 4.2.1; 4.5.1.

[2]) Anmerkung des Herausgebers der deutschen Ausgabe: Es wurden noch Änderungen in folgenden Abschnitten festgestellt:
Änderungen des Textes: 4.3.5; 4.5.3.2.

Wie im vorläufigen ALGOL-Bericht werden drei verschiedene Darstellungsformen der Sprache anerkannt, nämlich eine Bezugssprache, eine Veröffentlichungssprache und maschinengebundene Darstellungen.

Bezugssprache

1. Sie ist die Arbeitssprache des Komitees.
2. Sie ist die definierende Sprache.
3. Die Zeichen wurden im Hinblick auf eine leichte gegenseitige Verständigung festgelegt und nicht mit Rücksicht auf irgendwelche Beschränkungen von Rechenautomaten, Codierungen oder auf die Schreibweise in der reinen Mathematik.
4. Sie ist Bezugsgrundlage und Richtschnur für die Hersteller von ALGOL-Übersetzern.
5. Sie ist Richtschnur für alle maschinengebundenen Darstellungen.
6. Sie ist Richtschnur für die Übertragung von der Veröffentlichungssprache in die jeweilige maschinengebundene Darstellung.
7. In Hauptveröffentlichungen über die ALGOL-Sprache selbst soll die Bezugssprache benutzt werden.

Veröffentlichungssprache

1. Die Veröffentlichungssprache gestattet Abweichungen von der Bezugssprache, wie sie beim Drucken oder Handschreiben üblich sind (z. B. Indizes, Zwischenraum, Exponenten, griechische Buchstaben).
2. Sie wird für Berichte und Mitteilungen benutzt.
3. Die verwendeten Zeichen dürfen in verschiedenen Ländern verschieden sein, aber die eindeutige Zuordnung zur Bezugssprache muß gewährleistet sein.

Maschinengebundene Darstellungen

1. Jede von ihnen stellt eine Einengung der Bezugssprache dar, hervorgerufen durch die beschränkte Anzahl von Zeichen des Eingabegerätes.
2. Jede von ihnen benutzt den Zeichensatz einer bestimmten Rechenanlage und ist diejenige Sprache, die vom ALGOL-Übersetzer dieser Rechenanlage verstanden wird.
3. Jede von ihnen muß durch einen speziellen Satz von Regeln zur Übertragung von der Veröffentlichungs- oder Bezugssprache ergänzt werden.

Für Übertragungen zwischen der Bezugssprache und einer für Veröffentlichungen geeigneten Sprache werden unter anderem folgende Regeln empfohlen:

Bezugssprache	*Veröffentlichungssprache*
Indexklammern [ ]	Tiefsetzen des Klammerinhaltes und Weglassen der Klammern.
Potenzierung ↑	Hochstellen des Exponenten.
Klammern ( )	Alle Formen von Klammern.
Basiszehn ₁₀ [1]	Hochstellen der auf die Basiszehn folgenden ganzen Zahl, Einfügen des Multiplikationszeichens.

[1] Im Originalbericht wurde als Basiszehn das *Symbol* $_{10}$ verwendet. Um der Vermutung zu begegnen, daß es sich hier um eine tiefgestellte Zehn handelt (Tief- und Hochstellen ist in ALGOL nämlich verboten), wurde in der vorliegenden deutschen Ausgabe als Basiszehn eine *auf der Grundlinie stehende* Zehn in Kleindruck benutzt, also z. B. 3₁₀−5 anstatt $3_{10}-5$ (Anmerkung des Hrsgs. der dtsch. Ausgabe).

BESCHREIBUNG DER BEZUGSSPRACHE

Was sich überhaupt sagen läßt,
läßt sich klar sagen;
und wovon man nicht reden kann,
darüber muß man schweigen.

LUDWIG WITTGENSTEIN

1. Struktur der Sprache

Wie in der Einleitung dargelegt wurde, besitzt die algorithmische Sprache drei verschiedene Darstellungsformen: die Bezugssprache, die Veröffentlichungssprache und maschinengebundene Darstellungen. Die folgenden Ausführungen sind in der Bezugssprache abgefaßt. Das bedeutet, daß alle in der Sprache definierten Objekte durch einen bestimmten Satz von Symbolen dargestellt werden, und es liegt nur an der Wahl der Symbole, daß sich die anderen beiden Darstellungsformen davon unterscheiden. Struktur und Inhalt müssen für alle Darstellungsformen die gleichen sein.

Zweck der algorithmischen Sprache ist es, Rechenprozesse zu beschreiben. Der zur Beschreibung der Rechenregeln benutzte Grundbegriff ist der bekannte arithmetische Ausdruck mit seinen Bestandteilen, den Zahlen, Variablen und Funktionen. Aus diesen Ausdrücken werden durch Anwendung arithmetischer Verknüpfungsgesetze abgeschlossene Einheiten der Sprache — explizite Formeln — gebildet, die Ergibtanweisungen genannt werden.

Um den Gang des Rechenprozesses anzuzeigen, werden gewisse nichtarithmetische Anweisungen und Anweisungsklauseln hinzugefügt, mit deren Hilfe z. B. Entscheidungen oder iterative Wiederholungen von Rechenanweisungen beschrieben werden können. Da bei diesen Anweisungen die Notwendigkeit besteht, daß sich eine Anweisung auf eine andere bezieht, dürfen Anweisungen mit Marken versehen werden. Eine Folge von Anweisungen kann zwischen die Anweisungsklammern **begin** und **end** eingeschlossen werden. Dadurch entsteht eine Verbundanweisung.

Anweisungen werden durch Vereinbarungen ergänzt, die selbst keine Recheninstruktionen sind. Sie setzen jedoch den Übersetzer von der Existenz und bestimmten Eigenschaften der in den Anweisungen auftretenden Objekte in Kenntnis, wie z. B. die Klasse von Zahlen, die eine Variable als Wert annehmen kann, die Dimension eines Zahlenfeldes oder sogar die Rechenvorschrift, durch die eine Funktion definiert ist. Eine Folge von Vereinbarungen, an die sich eine Folge von Anweisungen anschließt, stellt, zwischen **begin** und **end** eingeschlossen, einen Block dar. Jede Vereinbarung tritt in einem Block in dieser Weise in Erscheinung und ist nur für diesen Block gültig.

Ein Programm hat die Gestalt eines Blockes oder einer Verbundanweisung. Und zwar sind ein Block oder eine Verbundanweisung genau dann ein Programm, wenn sie nicht in einer anderen Anweisung enthalten sind und nicht von anderen Anweisungen Gebrauch machen, die nicht in ihnen enthalten sind.

Im folgenden werden Syntax und Semantik der Sprache angegeben[1]).

1.1. Formalismus der syntaktischen Beschreibung

Die Syntax wird mit Hilfe metalinguistischer Formeln beschrieben[2]). Ihre Bedeutung wird am besten an einem Beispiel erläutert:

⟨a b⟩ : : = (| [| ⟨a b⟩ (| ⟨a b⟩ ⟨d⟩

In Klammern ⟨ ⟩ eingeschlossene Zeichenfolgen stellen metalinguistische Variablen dar, deren Werte Symbolfolgen sind. Die Zeichen : : = (Definitionszeichen) und | (oder-Zeichen) sind metalinguistische Konnektoren. Jedes Zeichen in einer Formel, das weder eine Variable noch ein Konnektor ist, bezeichnet sich selbst (oder die zur selben Klasse gehörenden Zeichen). Nebeneinanderstellung von Zeichen und/oder Variablen in einer Formel bedeutet die Nebeneinanderstellung der durch sie bezeichneten Folgen. Die obige Formel stellt also eine rekursive Regel zur Bildung von Werten der Variablen ⟨a b⟩ dar. Sie sagt aus, daß ⟨a b⟩ den Wert (oder [besitzen kann oder daß aus einem zulässigen Wert von ⟨a b⟩ weitere gebildet werden können, indem man das Zeichen (oder irgendeinen Wert der Variablen ⟨d⟩ anhängt. Versteht man unter den Werten von ⟨d⟩ die Dezimalziffern, so sind

[(((*1* (*37* (
(*1 2 3 4 5* (
(((
[*8 6*

mögliche Werte von ⟨a b⟩. Um das Studium des ALGOL-Berichtes zu erleichtern, wurden zur Unterscheidung der metalinguistischen Variablen (d. h. der in Klammern ⟨ ⟩ gesetzten Zeichenfolgen wie a b im obigen Beispiel) Wörter

[1]) Jedesmal, wenn festgestellt wird, daß die Rechengenauigkeit im allgemeinen nicht angebbar ist, wenn das Ergebnis eines Prozesses unbestimmt ist oder gesagt wird, es sei unbestimmt, ist dies in dem Sinne zu verstehen, daß ein Programm nur dann einen Rechenprozeß vollständig definiert, wenn zusätzlich angegeben wird, welche Genauigkeit vorausgesetzt werden muß, welche Arithmetik zu verwenden ist und wie der Rechenablauf in jedem während der Rechnung möglicherweise vorkommenden Fall zu erfolgen hat.

[2]) Vgl. J. W. Backus: The syntax and semantics of the proposed international algebraic language of the Zürich ACM-GAMM conference. ICIP Paris, Juni 1959.

gewählt, die annähernd den Charakter der entsprechenden Variablen ausdrücken. Irgendwo im Text vorkommende Wörter, die auf die beschriebene Weise definiert wurden, beziehen sich stets auf diese syntaktische Definition. Außerdem sind manche Formeln an mehr als einer Stelle angegeben worden.

Definition:

⟨leere Zeichenkette⟩ : : =
(d. h. die nicht vorhandene Kette von Symbolen).

2. Grundsymbole, Bezeichnungen, Zahlen und Zeichenketten. Grundbegriffe

Die Bezugssprache ist auf folgenden Grundsymbolen aufgebaut:

⟨Grundsymbol⟩ : : = ⟨Buchstabe⟩ ∣ ⟨Ziffer⟩ ∣ ⟨logischer Wert⟩ ∣ ⟨Begrenzer⟩

2.1. Buchstaben

⟨Buchstabe⟩ : : = $a \mid b \mid c \mid d \mid e \mid f \mid g \mid h \mid i \mid j \mid k \mid l \mid m \mid n \mid o \mid p \mid q \mid r \mid s \mid t \mid u \mid$
$\mid v \mid w \mid x \mid y \mid z \mid$
$A \mid B \mid C \mid D \mid E \mid F \mid G \mid H \mid I \mid J \mid K \mid L \mid M \mid N \mid O \mid P \mid$
$\mid Q \mid R \mid S \mid T \mid U \mid V \mid W \mid X \mid Y \mid Z$

Dieses Alphabet darf willkürlich eingeschränkt oder durch Hinzunahme anderer unterscheidbarer Zeichen (d. h. Zeichen, die nicht mit einer Ziffer, einem logischen Wert oder einem Begrenzer übereinstimmen) erweitert werden.

Buchstaben haben keine individuelle Bedeutung. Sie werden zur Bildung von Bezeichnungen und Zeichenketten benutzt[1]) (vgl. die Abschnitte 2.4. Bezeichnungen, 2.6. Zeichenketten).

2.2. Ziffern und logische Werte

2.2.1. Ziffern

⟨Ziffer⟩ : : = $0 \mid 1 \mid 2 \mid 3 \mid 4 \mid 5 \mid 6 \mid 7 \mid 8 \mid 9$

Ziffern werden zur Bildung von Zahlen, Bezeichnungen und Zeichenketten benutzt.

---

[1]) Es soll besonders darauf hingewiesen werden, daß innerhalb der Bezugssprache Unterstreichen (in Maschinenschrift, Fettdruck in gedruckter Schrift — Hrsg.) zur Definition selbständiger Grundsymbole benutzt wird (siehe Abschn. 2.2.2 und 2.3). Das bedeutet, daß die Grundsymbole keine Beziehung zu den einzelnen Buchstaben haben, aus denen sie zusammengesetzt sind. Innerhalb des vorliegenden Berichtes (Überschriften ausgenommen — Hrsg.) wird Unterstreichen (Fettdruck — Hrsg.) zu keinem anderen Zweck verwendet.

2.2.2. Logische Werte

⟨logischer Wert⟩ : : = **true** | **false**

Die logischen Werte haben eine feste unmißverständliche Bedeutung.

2.3. Begrenzer

⟨Begrenzer⟩ : : = ⟨Operator⟩ | ⟨Trennzeichen⟩ | ⟨Klammer⟩ | ⟨Vereinbarungszeichen⟩ | ⟨Spezifikationszeichen⟩

⟨Operator⟩ : : = ⟨arithmetischer Operator⟩ | ⟨Vergleichsoperator⟩ | ⟨logischer Operator⟩ | ⟨Folgeoperator⟩

⟨arithmetischer Operator⟩ : : = + | − | × | / | ÷ | ↑

⟨Vergleichsoperator⟩ : : = < | ≦ | = | ≧ | > | ≠

⟨logischer Operator⟩ : : = ≡ | ⊃ | ∨ | ∧ | ¬

⟨Folgeoperator⟩ : : = **go to** | **if** | **then** | **else** | **for** | **do**[1])

⟨Trennzeichen⟩ : : = , | . | $_{10}$ | : | ; | : = | ␣ | **step** | **until** | **while** | **comment**

⟨Klammer⟩ : : = (|) | [|] | ‘ | ’ | **begin** | **end**

⟨Vereinbarungszeichen⟩ : : = **own** | **Boolean** | **integer** | **real** | **array** | **switch** | **procedure**

⟨Spezifikationszeichen⟩ : : = **string** | **label** | **value**

Die Begrenzer haben eine feste Bedeutung, die in den meisten Fällen ohne weitere Erklärung verständlich ist oder aber später an geeigneter Stelle angegeben wird.

Typografische Kennzeichen wie Zwischenraum oder Übergang zu einer neuen Zeile haben in der Bezugssprache keine Bedeutung. Sie können jedoch nach Belieben zur Erleichterung des Lesers verwendet werden.

Um erläuternden Text zwischen die Symbole eines Programms einschieben zu können, gelten die folgenden „*Kommentar*“-*Regeln*:

Die Folge von Grundsymbolen:	ist äquivalent mit
; **comment** ⟨jede Folge, die kein ; enthält⟩ ;	;
begin comment ⟨jede Folge, die kein ; enthält⟩ ;	**begin**
end ⟨jede Folge, die kein **end** oder ; oder **else** enthält⟩	**end**

Unter Äquivalenz ist hier zu verstehen, daß jede der drei in der linken Spalte stehenden Konstruktionen, wenn sie außerhalb von Zeichenketten vorkommt, durch das in der rechten Spalte auf derselben Zeile stehende Symbol ersetzt werden kann. Diese Ersetzung hat keinen Einfluß auf den Ablauf des Programms. Weiter wird darunter verstanden, daß bei der Ersetzung von Kommentar-Konstruktionen die weiter links stehende Konstruktion in der Reihenfolge der Ersetzungen Vorrang hat.

---

[1]) **do** wird in Laufanweisungen benutzt. Es hat keinerlei Beziehungen zu dem *do* des vorläufigen Berichtes, welches in ALGOL 60 nicht enthalten ist.

2.4. Bezeichnungen

2.4.1. Syntax

⟨Bezeichnung⟩ : : = ⟨Buchstabe⟩ | ⟨Bezeichnung⟩ ⟨Buchstabe⟩ |
⟨Bezeichnung⟩ ⟨Ziffer⟩

2.4.2. Beispiele

q
Suppe
V 17 a
a 34 k T M N s
M A R Y L Y N

2.4.3. Semantik

Bezeichnungen haben keine selbständige Bedeutung, sondern dienen zur Kennzeichnung von einfachen Variablen, Feldern, Marken, Verteilern und Prozeduren. Sie können frei gewählt werden (vgl. jedoch Abschn. 3.2.4. Standardfunktionen).

Ein- und dieselbe Bezeichnung kann nicht zur Kennzeichnung zweier verschiedener Größen benutzt werden, es sei denn, diese Größen haben getrennte Bereiche, was durch die Vereinbarungen des Programms festgelegt wird (vgl. Abschn. 2.7. Größen, Arten und Bereiche, sowie Abschn. 5. Vereinbarungen).

2.5. Zahlen

2.5.1. Syntax

⟨ganze Zahl ohne Vorzeichen⟩ : : = ⟨Ziffer⟩ | ⟨ganze Zahl ohne Vorzeichen⟩ ⟨Ziffer⟩

⟨ganze Zahl⟩ : : = ⟨ganze Zahl ohne Vorzeichen⟩ | + ⟨ganze Zahl ohne Vorzeichen⟩ | — ⟨ganze Zahl ohne Vorzeichen⟩

⟨Dezimalbruch⟩ : : = . ⟨ganze Zahl ohne Vorzeichen⟩

⟨Exponententeil⟩ : : = $_{10}$ ⟨ganze Zahl⟩

⟨Dezimalzahl⟩ : : = ⟨ganze Zahl ohne Vorzeichen⟩ | ⟨Dezimalbruch⟩ | ⟨ganze Zahl ohne Vorzeichen⟩ ⟨Dezimalbruch⟩

⟨Zahl ohne Vorzeichen⟩ : : = ⟨Dezimalzahl⟩ | ⟨Exponententeil⟩ | ⟨Dezimalzahl⟩ ⟨Exponententeil⟩

⟨Zahl⟩ : : = ⟨Zahl ohne Vorzeichen⟩ | + ⟨Zahl ohne Vorzeichen⟩ | — ⟨Zahl ohne Vorzeichen⟩

2.5.2. Beispiele

0	*−200.084*	$-.083_{10}-02$
177	+ *07.43*$_{10}$*8*	$-{}_{10}7$
.5384	$9.34_{10}+10$	${}_{10}-4$
+*0.7300*	$2_{10}-4$	$+{}_{10}+5$

2.5.3. Semantik

Dezimalzahlen haben ihre herkömmliche Bedeutung. Der Exponententeil ist ein Skalenfaktor, dargestellt als eine ganzzahlige Potenz von 10.

2.5.4. Typen

Ganze Zahlen sind vom Typ **integer**. Alle anderen Zahlen sind vom Typ **real** (vgl. Abschn. 5.1. Typvereinbarungen).

2.6. Zeichenketten

2.6.1. Syntax

⟨echte Zeichenkette⟩ : : = ⟨jede beliebige Folge von Grundsymbolen, die nicht ‘ oder ’ enthält⟩ | ⟨leere Zeichenkette⟩
⟨offene Zeichenkette⟩ : : = ⟨echte Zeichenkette⟩ | ‘ ⟨offene Zeichenkette⟩ ’ | ⟨offene Zeichenkette⟩ ⟨offene Zeichenkette⟩
⟨Zeichenkette⟩ : : = ‘ ⟨offene Zeichenkette⟩ ’

2.6.2. Beispiele

‘*5 k*, , — ‘ [[[‘ ∧ = / : ’ *T t* ’ ’
‘ . . Dies ⊔ ist ⊔ eine ⊔ ‘ Zeichenkette’ ’

2.6.3. Semantik

Um in der Sprache beliebige Folgen von Grundsymbolen handhaben zu können, werden die Kettenanführungszeichen ‘ und ’ eingeführt. Das Symbol ⊔ kennzeichnet einen Zwischenraum. Es hat außerhalb von Zeichenketten keine Bedeutung.

Zeichenketten werden als aktuelle Parameter von Prozeduren benutzt (vgl. Abschn. 3.2. Funktionen und 4.7. Prozeduranweisungen).

2.7. Größen, Arten und Bereiche

Folgende Arten von Größen werden unterschieden: einfache Variablen, Felder, Marken, Verteiler und Prozeduren.

Der Bereich einer Größe ist die Gesamtheit der Anweisungen und Ausdrücke, in denen die Vereinbarung für die zu dieser Größe gehörigen Bezeichnung gültig ist. Bezüglich Marken siehe Abschn. 4.1.3.

2.8. Werte und Typen

Ein Wert ist ein geordneter Satz von Zahlen (Spezialfall: eine einzelne Zahl), ein geordneter Satz von logischen Werten (Spezialfall: ein einzelner logischer Wert) oder eine Marke. Bestimmten syntaktischen Einheiten werden Werte zugesprochen. Diese Werte werden sich im allgemeinen während der Ausführung des Programms ändern. Die Werte von Ausdrücken und ihren Bestandteilen werden in Abschn. 3 definiert. Der Wert einer Feldbezeichnung ist der geordnete Satz der Werte des entsprechenden Feldes von indizierten Variablen (vgl. Abschn. 3.1.4.1).

Die verschiedenen „Typen" (**integer, real, Boolean**) kennzeichnen grundsätzlich Eigenschaften der Werte. Unter dem Typ einer syntaktischen Einheit versteht man den Typ des Wertes dieser Einheit.

3. Ausdrücke

Die Hauptbestandteile der Programme, die algorithmische Prozesse beschreiben, sind in ALGOL arithmetische, logische und Zielausdrücke. Bestandteile dieser Ausdrücke sind, abgesehen von bestimmten Begrenzern, logische Werte, Zahlen, Variablen, Funktionen sowie elementare arithmetische, logische, Vergleichs- und Folgeoperatoren. Da die syntaktische Definition sowohl der Variablen als auch der Funktion Ausdrücke enthält, ist die Definition der Ausdrücke und ihrer Bestandteile notwendigerweise rekursiv.

⟨Ausdruck⟩ : : = ⟨arithmetischer Ausdruck⟩ | ⟨logischer Ausdruck⟩ | ⟨Zielausdruck⟩

3.1. Variablen

3.1.1. Syntax

⟨Variablenbezeichnung⟩ : : = ⟨Bezeichnung⟩
⟨einfache Variable⟩ : : = ⟨Variablenbezeichnung⟩
⟨Indexausdruck⟩ : : = ⟨arithmetischer Ausdruck⟩
⟨Indexliste⟩ : : = ⟨Indexausdruck⟩ | ⟨Indexliste⟩, ⟨Indexausdruck⟩
⟨Feldbezeichnung⟩ : : = ⟨Bezeichnung⟩
⟨indizierte Variable⟩ : : = ⟨Feldbezeichnung⟩ [⟨Indexliste⟩]
⟨Variable⟩ : : = ⟨einfache Variable⟩ | ⟨indizierte Variable⟩

3.1.2. Beispiele

epsilon
det A
a 17
Q [7, 2]
x[sin (n×pi/2), Q [3, n, 4]]

3.1.3. Semantik

Eine Variable dient zur Kennzeichnung eines einzelnen Wertes. Dieser Wert kann in Ausdrücken zur Bildung anderer Werte benutzt und nach Belieben mittels Ergibtanweisungen verändert werden (Abschn. 4.2). Der Typ des Wertes einer bestimmten Variablen ist in der Vereinbarung für die Variable selbst (vgl. Abschn. 5.1. Typvereinbarungen) oder für die zugehörige Feldbezeichnung (vgl. Abschn. 5.2. Feldvereinbarungen) definiert.

3.1.4. Indizes

3.1.4.1. Indizierte Variablen kennzeichnen Werte, die Komponenten mehrdimensionaler Felder sind (vgl. Abschn. 5.2. Feldvereinbarungen). Jeder arithmetische Ausdruck der Indexliste besetzt eine Indexposition der indizierten Variablen und wird Index genannt. Die vollständige Liste der Indizes ist in Indexklammern [ ] eingeschlossen. Die Feldkomponente, auf die sich eine indizierte Variable bezieht, ist durch den aktuellen numerischen Wert ihrer Indizes bestimmt (vgl. Abschn. 3.3. Arithmetische Ausdrücke).

3.1.4.2. Jede Indexposition fungiert wie eine Variable vom Typ **integer**, und die Berechnung eines Index ist einer Wertzuweisung an diese gedachte Variable äquivalent (vgl. Abschn. 4.2.4). Der Wert einer indizierten Variablen ist nur dann definiert, wenn der Wert des Indexausdruckes innerhalb der Indexgrenzen des Feldes liegt (vgl. Abschn. 5.2. Feldvereinbarungen).

3.2. Funktionen

3.2.1. Syntax

⟨Prozedurbezeichnung⟩ : : = ⟨Bezeichnung⟩
⟨aktueller Parameter⟩ : : = ⟨Zeichenkette⟩ | ⟨Ausdruck⟩ | ⟨Feldbezeichnung⟩ | ⟨Verteilerbezeichnung⟩ | ⟨Prozedurbezeichnung⟩
⟨Buchstabenkette⟩ : : = ⟨Buchstabe⟩ | ⟨Buchstabenkette⟩ ⟨Buchstabe⟩
⟨Parameterbegrenzer⟩ : : = , |) ⟨Buchstabenkette⟩ : (
⟨aktuelle Parameterliste⟩ : : = ⟨aktueller Parameter⟩ | ⟨aktuelle Parameterliste⟩ ⟨Parameterbegrenzer⟩ ⟨aktueller Parameter⟩

⟨aktueller Parameterteil⟩ : : = ⟨leere Zeichenkette⟩ | (⟨aktuelle Parameterliste⟩)

⟨Funktion⟩ : : = ⟨Prozedurbezeichnung⟩ ⟨aktueller Parameterteil⟩

3.2.2. Beispiele

sin $(a - b)$
J $(v + s, n)$
R
S $(s - 5)$ *Temperatur*: (T) *Druck*: (P)
kompiliere (' : = ') *Keller* (Q)

3.2.3. Semantik

Funktionen definieren einzelne numerische oder logische Werte, die sich durch Anwendung gegebener Regelsätze auf bestimmte Sätze von aktuellen Parametern ergeben. Die Regelsätze werden durch eine Prozedurvereinbarung definiert (vgl. Abschn. 5.4. Prozedurvereinbarungen). Die Regeln zur Spezifizierung der aktuellen Parameter sind in Abschn. 4.7. Prozeduranweisung angegeben. Nicht jede Prozedurvereinbarung definiert den Wert einer Funktion.

3.2.4. Standardfunktionen

Für die Standardfunktionen der Analysis, die als Prozeduren formuliert werden, sollte man bestimmte Bezeichnungen reservieren. Es wird empfohlen, daß die reservierte Liste folgende Bezeichnungen enthält:

abs (A)	für den absoluten Betrag des Wertes des Ausdruckes A
sign (A)	für das Signum des Wertes von A ($+1$ für $A > 0$, 0 für $A = 0$, -1 für $A < 0$)
sqrt (A)	für die Quadratwurzel des Wertes von A
sin (A)	für den Sinus des Wertes von A
cos (A)	für den Cosinus des Wertes von A
arctan (A)	für den Hauptwert des Arcustangens des Wertes von A
ln (A)	für den natürlichen Logarithmus des Wertes von A
exp (A)	für die Exponentialfunktion des Wertes von A (e^A)

Diese Funktionen sind sowohl auf Argumente vom Typ **real** als auch vom Typ **integer** anwendbar. Die Ergebniswerte sind sämtlich vom Typ **real** mit Ausnahme der Werte von *sign* (A), die vom Typ **integer** sind. In jeder Darstellung von ALGOL dürfen diese Funktionen ohne besondere Vereinbarung verwendet werden (vgl. Abschn. 5. Vereinbarungen).

3.2.5. Umwandlungsfunktionen

Umwandlungsfunktionen können zwischen jedem Paar von Größen und Ausdrücken definiert werden. Es wird empfohlen, daß es unter den Standardfunktionen eine gibt, nämlich

entier (A) ,

die einen Ausdruck vom Typ **real** in einen vom Typ **integer** umwandelt. *entier* (A) bedeutet die größte ganze Zahl, die nicht größer als der Wert des Ausdruckes A ist.

3.3. Arithmetische Ausdrücke

3.3.1. Syntax

⟨Summationsoperator⟩ : : = + | −
⟨Multiplikationsoperator⟩ : : = × | / | ÷
⟨Elementarausdruck⟩ : : = ⟨Zahl ohne Vorzeichen⟩ | ⟨Variable⟩ | ⟨Funktion⟩
| (⟨arithmetischer Ausdruck⟩)
⟨Faktor⟩ : : = ⟨Elementarausdruck⟩ | ⟨Faktor⟩ ↑ ⟨Elementarausdruck⟩
⟨Term⟩ : : = ⟨Faktor⟩ | ⟨Term⟩ ⟨Multiplikationsoperator⟩ ⟨Faktor⟩
⟨einfacher arithmetischer Ausdruck⟩ : : = ⟨Term⟩ | ⟨Summationsoperator⟩
⟨Term⟩ | ⟨einfacher arithmetischer Ausdruck⟩
⟨Summationsoperator⟩ ⟨Term⟩
⟨Wenn-Klausel⟩ : : = **if** ⟨logischer Ausdruck⟩ **then**
⟨arithmetischer Ausdruck⟩ : : = ⟨einfacher arithmetischer Ausdruck⟩ | ⟨Wenn-Klausel⟩ ⟨einfacher arithmetischer Ausdruck⟩
else ⟨arithmetischer Ausdruck⟩

3.3.2. Beispiele

Elementarausdrücke:

$7.394_{10}-8$
Summe
$w\,[i + 2{,}8]$
$cos\,(y + z \times 3)$
$(a + 3/y + v\,u \uparrow 8)$

Faktoren:

omega
$Summe \uparrow cos\,(y + z \times 3)$
$7.394_{10}-8 \uparrow w\,[i + 2{,}8] \uparrow (a + 3/y + v\,u \uparrow 8)$

Terme:

U

$omega \times Summe \uparrow cos\ (y + z \times 3)/7.394_{10}-8 \uparrow w\ [i + 2{,}8] \uparrow (a - 3/y + v\,u \uparrow 8)$

Einfacher arithmetischer Ausdruck:

$U - Yu + omega \times Summe \uparrow cos\ (y + z \times 3)/7.394_{10}-8 \uparrow w\ [i + 2{,}8] \uparrow$
$(a - 3/y + v\,u \uparrow 8)$

Arithmetische Ausdrücke:

$w \times u - Q\ (S + Cu) \uparrow 2$
if $q > 0$ **then** $S + 3 \times Q/A$ **else** $2 \times S + 3 \times q$
if $a < 0$ **then** $U + V$ **else if** $a \times b > 17$ **then** U/V **else if** $k \neq y$ **then** V/U **else** 0
$a \times sin\ (omega \times t)$
$0.57_{10}\,12 \times a\ [N \times (N - 1)/2,\ 0]$
$(A \times arctan\ (y) + Z) \uparrow (7 + Q)$
if q **then** $n - 1$ **else** n
if $a < 0$ **then** A/B **else if** $b = 0$ **then** B/A **else** z

3.3.3. Semantik

Ein arithmetischer Ausdruck ist eine Vorschrift zur Berechnung eines numerischen Wertes. Im Fall eines einfachen arithmetischen Ausdrucks erhält man diesen Wert durch Ausführung der angegebenen arithmetischen Operationen mit den aktuellen numerischen Werten der Elementarausdrücke des Ausdrucks, was in Abschn. 3.3.4 unten ausführlich erläutert wird. Was man unter dem aktuellen numerischen Wert eines Elementarausdrucks zu verstehen hat, ist klar im Fall von Zahlen. Für Variablen ist es der laufende Wert (der im dynamischen Sinn zuletzt zugewiesene Wert). Für Funktionen ist es der Wert, der entsteht, wenn die Rechenvorschrift der Prozedur (vgl. Abschn. 5.4.4. Werte von Funktionen) auf die laufenden Werte der in dem Ausdruck angegebenen Prozedurparameter angewandt wird. Schließlich muß für arithmetische Ausdrücke, die in runde Klammern eingeschlossen sind, der Wert durch rekursive Zergliederung in Terme von Werten der anderen drei Arten von Elementarausdrücken dargestellt werden.

In den allgemeineren arithmetischen Ausdrücken, die die Wenn-Klauseln mit einschließen, wird je nachdem, welche aktuellen Werte die logischen Ausdrücke besitzen, einer von verschiedenen einfachen arithmetischen Ausdrücken ausgewählt (vgl. Abschn. 3.4. Logische Ausdrücke). Dies geschieht wie folgt: Die logischen Ausdrücke der Wenn-Klauseln werden der Reihe nach von links nach rechts ausgewertet bis einer gefunden ist, der den Wert **true** hat. Der Wert des gesamten arithmetischen Ausdrucks ist dann der Wert des ersten auf diesen logischen Ausdruck folgenden arithmetischen Ausdrucks. Die Konstruktion

else ⟨einfacher arithmetischer Ausdruck⟩

ist der Konstruktion

else if true then ⟨einfacher arithmetischer Ausdruck⟩

äquivalent.

3.3.4. Operatoren und Typen

Abgesehen von den logischen Ausdrücken der Wenn-Klauseln, müssen die Bestandteile der einfachen arithmetischen Ausdrücke vom Typ **real** oder **integer** sein (vgl. Abschn. 5.1. Typvereinbarungen). Die Bedeutung der arithmetischen Operatoren und die Typen der Ausdrücke, zu denen sie führen, werden durch folgende Regeln erklärt:

3.3.4.1. Die Operatoren +, — und × haben die herkömmliche Bedeutung (Addition, Subtraktion und Multiplikation). Der Ausdruck ist vom Typ **integer**, wenn beide Operanden vom Typ **integer** sind, andernfalls vom Typ **real**.

3.3.4.2. Die Operationen ⟨Term⟩ / ⟨Faktor⟩ und ⟨Term⟩ ÷ ⟨Faktor⟩ bezeichnen beide die Division. Darunter ist die Multiplikation des Termes mit dem reziproken Wert des Faktors bei entsprechender Beachtung der Vorrangregeln zu verstehen (vgl. Abschn. 3.3.5). Demzufolge ist zum Beispiel

$$a/b \times 7/(p - q) \times v/s$$

gleichbedeutend mit

$$((((a \times (b^{-1})) \times 7) \times ((p - q)^{-1})) \times v) \times (s^{-1})$$

Der Operator / ist für alle vier Kombinationen der Typen **real** und **integer** definiert und ergibt in jedem Fall ein Resultat vom Typ **real**. Der Operator ÷ ist nur definiert, wenn beide Operanden vom Typ **integer** sind. Das Resultat ist vom Typ **integer** und mathematisch wie folgt definiert:

$$a \div b = sign\ (a/b) \times entier\ (abs\ (a/b))$$

(vgl. Abschn. 3.2.4 und 3.2.5).

3.3.4.3. Die Operation ⟨Faktor⟩ ↑ ⟨Elementarausdruck⟩ bedeutet Potenzieren. Der Faktor ist die Basis und der Elementarausdruck der Exponent. Demzufolge bedeutet zum Beispiel

$$2 \uparrow n \uparrow k \qquad (2^n)^k\ ,$$

dagegen

$$2 \uparrow (n \uparrow m) \qquad 2^{(n^m)}\ .$$

Bezeichnet man mit g eine Zahl vom Typ **integer**, mit r eine Zahl vom Typ **real** und mit b eine Zahl, die entweder vom Typ **integer** oder vom Typ **real** ist, so ist das Ergebnis der Potenzierung wie folgt bestimmt:

$b \uparrow g$	Für $g > 0$:	$b \times b \times \cdots \times b$ (g mal), vom gleichen Typ wie b.	
	Für $g = 0$,	falls $b \neq 0$:	1, vom gleichen Typ wie b.
		falls $b = 0$:	nicht definiert.
	Für $g < 0$,	falls $b \neq 0$:	$1/(b \times b \times \cdots \times b)$ ($-g$ Faktoren im Nenner), vom Typ **real**.
		falls $b = 0$:	nicht definiert.
$b \uparrow r$	Für $b > 0$:	$exp\ (r \times ln\ (b))$, vom Typ **real**.	
	Für $b = 0$,	falls $r > 0$:	0.0, vom Typ **real**.
		falls $r \leqq 0$:	nicht definiert.
	Für $b < 0$:	nicht definiert.	

3.3.5. Vorrang von Operatoren

Die Operationen innerhalb eines Ausdruckes werden im allgemeinen in der Reihenfolge von links nach rechts ausgeführt. Dabei sind aber folgende zusätzliche Regeln zu beachten:

3.3.5.1. Entsprechend der in Abschn. 3.3.1 angegebenen Syntax gelten folgende Vorrangregeln: Vorrang haben (in der angegebenen Reihenfolge):

1. $\uparrow$
2. $\times\ /\ \div$
3. $+\ -$

3.3.5.2. Der Ausdruck zwischen einer linken Klammer und der dazugehörigen rechten Klammer ist wertemäßig für sich selbst bestimmt, und dieser Wert wird in der folgenden Rechnung verwendet. Folglich kann eine gewünschte Reihenfolge bei der Ausführung von Operationen innerhalb eines Ausdruckes stets durch passendes Setzen von Klammern festgelegt werden.

3.3.6. Das Rechnen mit Größen vom Typ real

Zahlen und Variablen vom Typ **real** sind im Sinne der numerischen Analysis aufzufassen, d. h. als Größen mit endlicher Genauigkeit. Dementsprechend ist ohne weiteres verständlich, daß in einem arithmetischen Ausdruck endliche Abweichungen vom mathematisch definierten Resultat auftreten können. Keine Rechnung kann exakt ausgeführt werden, und es ist selbstverständlich, daß der Wert eines arithmetischen Ausdrucks von unterschiedlichen Maschinen unterschiedlich berechnet werden kann. Die möglichen Auswirkungen solcher Abweichungen müssen mit den Methoden der numerischen Analysis unter

Kontrolle gehalten werden. Diese Kontrolle ist als Bestandteil des zu beschreibenden Verfahrens anzusehen und muß deshalb in der Sprache selbst formuliert werden.

3.4. Logische Ausdrücke

3.4.1. Syntax

⟨Vergleichsoperator⟩ : : = $<$ | $\leqq$ | $=$ | $\geqq$ | $>$ | $\neq$
⟨Vergleich⟩ : : = ⟨einfacher arithmetischer Ausdruck⟩ ⟨Vergleichsoperator⟩
  ⟨einfacher arithmetischer Ausdruck⟩
⟨logischer Elementarausdruck 1. Art⟩ : : = ⟨logischer Wert⟩ | ⟨Variable⟩ |
  ⟨Funktion⟩ | ⟨Vergleich⟩ |
  (⟨logischer Ausdruck⟩)
⟨logischer Elementarausdruck 2. Art⟩ : : = ⟨logischer Elementarausdruck
  1. Art⟩ | $\neg$ ⟨logischer Elementarausdruck 1. Art⟩
⟨logischer Faktor⟩ : : = ⟨logischer Elementarausdruck 2. Art⟩ | ⟨logischer Faktor⟩ $\wedge$ ⟨logischer Elementarausdruck 2. Art⟩
⟨logischer Term⟩ : : = ⟨logischer Faktor⟩ | ⟨logischer Term⟩ $\vee$ ⟨logischer Faktor⟩
⟨Implikation⟩ : : = ⟨logischer Term⟩ | ⟨Implikation⟩ $\supset$ ⟨logischer Term⟩
⟨einfacher logischer Ausdruck⟩ : : = ⟨Implikation⟩ | ⟨einfacher logischer Ausdruck⟩ $\equiv$ ⟨Implikation⟩
⟨logischer Ausdruck⟩ : : = ⟨einfacher logischer Ausdruck⟩ | ⟨Wenn-Klausel⟩ ⟨einfacher logischer Ausdruck⟩ **else** ⟨logischer Ausdruck⟩

3.4.2. Beispiele

$x = -2$

$Y > V \vee z < q$

$a + b > -5 \wedge z - d > q \uparrow 2$

$p \wedge q \vee x \neq y$

$g \equiv \neg a \wedge b \wedge \neg c \vee d \vee e \supset \neg f$

if $k < 1$ **then** $s > w$ **else** $h \leqq c$

if if if a **then** b **else** c **then** d **else** f **then** g **else** $h < k$

3.4.3. Semantik

Ein logischer Ausdruck ist eine Vorschrift zur Berechnung eines logischen Wertes. Die Rechenregeln sind den in Abschn. 3.3.3 für arithmetische Ausdrücke angegebenen völlig analog.

3.4.4. Typen

Variablen und Funktionen, die als logische Elementarausdrücke 1. Art auftreten, müssen vom Typ **Boolean** vereinbart sein (vgl. Abschn. 5.1. Typvereinbarungen und Abschn. 5.4.4. Werte von Funktionen).

3.4.5. Operatoren

Vergleiche nehmen den Wert **true** an, wenn die Relation von den in sie eingehenden Ausdrücken erfüllt wird, andernfalls den Wert **false**.

Die Bedeutung der logischen Operatoren $\neg$ (nicht), $\wedge$ (und), $\vee$ (oder), $\supset$ (impliziert) und $\equiv$ (äquivalent) wird durch folgende Wertetafel erklärt.

b1	**false**	**false**	**true**	**true**
b2	**false**	**true**	**false**	**true**
$\neg$ *b1*	**true**	**true**	**false**	**false**
b1 $\wedge$ *b2*	**false**	**false**	**false**	**true**
b1 $\vee$ *b2*	**false**	**true**	**true**	**true**
b1 $\supset$ *b2*	**true**	**true**	**false**	**true**
b1 $\equiv$ *b2*	**true**	**false**	**false**	**true**

3.4.6. Vorrang von Operatoren

Die Operationen innerhalb eines Ausdruckes werden im allgemeinen in der Reihenfolge von links nach rechts ausgeführt. Dabei sind aber folgende zusätzliche Regeln zu beachten:

3.4.6.1. Entsprechend der in Abschn. 3.4.1 angegebenen Syntax gelten folgende Vorrangregeln: Vorrang haben (in der angegebenen Reihenfolge):

1. arithmetische Ausdrücke gemäß Abschn. 3.3.5
2. $< \leqq = \geqq > \neq$
3. $\neg$
4. $\wedge$
5. $\vee$
6. $\supset$
7. $\equiv$

3.4.6.2. Klammern werden im selben Sinne, wie in Abschn. 3.3.5.2 angegeben, benutzt.

3.5. Zielausdrücke

3.5.1. Syntax

⟨Marke⟩ : : = ⟨Bezeichnung⟩ | ⟨ganze Zahl ohne Vorzeichen⟩
⟨Verteilerbezeichnung⟩ : : = ⟨Bezeichnung⟩
⟨Zielverteiler⟩ : : = ⟨Verteilerbezeichnung⟩ [⟨Indexausdruck⟩]
⟨einfacher Zielausdruck⟩ : : = ⟨Marke⟩ | ⟨Zielverteiler⟩ | (⟨Zielausdruck⟩)
⟨Zielausdruck⟩ : : = ⟨einfacher Zielausdruck⟩ | ⟨Wenn-Klausel⟩ ⟨einfacher Zielausdruck⟩ **else** ⟨Zielausdruck⟩

3.5.2. Beispiele

17
p 9
Waehler [*n* — *1*]
Stadt [**if** $y < 0$ **then** N **else** $N + 1$]
if $Ab < c$ **then** *17* **else** *q* [**if** $w \leqq 0$ **then** *2* **else** *n*]

3.5.3. Semantik

Ein Zielausdruck ist eine Vorschrift zur Ermittlung einer Marke einer Anweisung (vgl. Abschn. 4. Anweisungen). Die Rechenregeln sind denen für arithmetische Ausdrücke (Abschn. 3.3.3) wieder völlig analog. Im allgemeinen werden die logischen Ausdrücke der Wenn-Klauseln einen einfachen Zielausdruck auswählen. Ist dieser eine Marke, so ist das gewünschte Resultat bereits gefunden. Ein Zielverteiler bezieht sich auf die zugehörige Verteilervereinbarung und wählt entsprechend dem aktuellen numerischen Wert seines Zielausdrucks einen der in der Verteilervereinbarung aufgeführten Zielausdrücke durch Abzählen von links nach rechts aus. Da der so ausgewählte Zielausdruck wieder ein Zielverteiler sein kann, ist diese Auswertung offensichtlich ein rekursiver Prozeß.

3.5.4. Indexausdruck

Die Berechnung des Indexausdruckes geschieht wie bei indizierten Variablen (vgl. Abschn. 3.1.4.2). Der Wert eines Zielverteilers ist nur definiert, wenn der Indexausdruck einen der positiven Werte *1, 2, 3, . . .*, *n* annimmt, wobei *n* die Anzahl der Positionen in der Verteilerliste ist.

3.5.5. Ganze Zahlen ohne Vorzeichen als Marken

Für ganze Zahlen ohne Vorzeichen, die als Marken benutzt werden, gilt die Besonderheit, daß vorn stehende Nullen keinen Einfluß auf die Bedeutung der Marken haben, d. h., *00217* bezeichnet dieselbe Marke wie *217*.

4. Anweisungen

Die Operationseinheiten in ALGOL werden Anweisungen genannt. Normalerweise werden sie in der Reihenfolge ausgeführt, in der sie aufgeschrieben sind. Diese Reihenfolge kann jedoch durch Sprunganweisungen unterbrochen werden, welche die nachfolgende Anweisung selbst bestimmen. Die Folge der auszuführenden Operationen kann durch bedingte Anweisungen verkürzt werden, weil es diese ermöglichen, bestimmte Anweisungen zu überspringen.

Um eine bestimmte dynamische Reihenfolge festlegen zu können, dürfen Anweisungen mit Marken versehen werden.

Da Folgen von Anweisungen zu Verbundanweisungen und Blöcken zusammengefaßt werden können, muß die Definition der Anweisung notwendigerweise rekursiv sein. Da außerdem die Vereinbarungen, die erst in Abschn. 5 beschrieben werden, wesentlich in die syntaktische Struktur eingehen, müssen für die syntaktische Definition der Anweisungen die Vereinbarungen als bereits definiert vorausgesetzt werden.

4.1. Verbundanweisungen und Blöcke

4.1.1. Syntax

⟨nichtmarkierte Grundanweisung⟩ : : = ⟨Ergibtanweisung⟩ | ⟨Sprunganweisung⟩ | ⟨leere Anweisung⟩ | ⟨Prozeduranweisung⟩

⟨Grundanweisung⟩ : : = ⟨nichtmarkierte Grundanweisung⟩ | ⟨Marke⟩ : ⟨Grundanweisung⟩

⟨unbedingte Anweisung⟩ : : = ⟨Grundanweisung⟩ | ⟨Verbundanweisung⟩ | ⟨Block⟩

⟨Anweisung⟩ : : = ⟨unbedingte Anweisung⟩ | ⟨bedingte Anweisung⟩ | ⟨Laufanweisung⟩

⟨Verbundschluß⟩ : : = ⟨Anweisung⟩ **end** | ⟨Anweisung⟩ ; ⟨Verbundschluß⟩

⟨Blockkopf⟩ : : = **begin** ⟨Vereinbarung⟩ | ⟨Blockkopf⟩ ; ⟨Vereinbarung⟩

⟨nichtmarkierter Verbund⟩ : : = **begin** ⟨Verbundschluß⟩

⟨nichtmarkierter Block⟩ : : = ⟨Blockkopf⟩ ; ⟨Verbundschluß⟩

⟨Verbundanweisung⟩ : : = ⟨nichtmarkierter Verbund⟩ | ⟨Marke⟩ : ⟨Verbundanweisung⟩

⟨Block⟩ : : = ⟨nichtmarkierter Block⟩ | ⟨Marke⟩ : ⟨Block⟩

⟨Programm⟩ : : = ⟨Block⟩ | ⟨Verbundanweisung⟩

Diese Syntax kann folgendermaßen erläutert werden: Bezeichnet man mit A eine Anweisung, mit V eine Vereinbarung und mit M eine Marke, so nehmen die grundlegenden syntaktischen Einheiten Verbundanweisung und Block allgemein folgende Form an:

Verbundanweisung:

M : *M* : . . . *M* : **begin** *A* ; *A* ; . . . *A* ; *A* **end**

Block:

M : *M* : . . . *M* : **begin** *V* ; *V* ; . . . *V* ; *A* ; *A* ; . . . *A* ; *A* **end**

Dies soll in dem Sinn verstanden werden, daß jede der Anweisungen *A* selbst wieder eine vollständige Verbundanweisung oder ein vollständiger Block sein kann.

4.1.2. Beispiele

Grundanweisungen:

```
a: = p + q
go to Neapel
Start: Fortsetzung: W: = 7.993
```

Verbundanweisung:

```
begin x : = 0 ; for y : = 1 step 1 until n do x : = x + A [ y ] ;
      if x > q then go to STOP else if x > w - 2 then go to S ;
      Aw : St : W : = x + bob
end
```

Block:

```
Q : begin integer i , k ; real w ;
          for i : = 1 step 1 until m do
             for k : = i + 1 step 1 until m do
             begin w : = A [ i , k ] ;
               A [ i , k ] : = A [ k , i ] ;
               A [ k , i ] : = w
             end fuer i und k
    end Block Q
```

4.1.3. Semantik

Jeder Block führt automatisch ein neues Niveau von Bezeichnungen ein. Das wird wie folgt realisiert: Jede in einem Block vorkommende Bezeichnung kann durch eine entsprechende Vereinbarung (vgl. Abschn. 5. Vereinbarungen) als lokal bezüglich dieses Blockes gekennzeichnet werden. Das bedeutet, a) daß die innerhalb des Blockes durch diese Bezeichnung dargestellte Größe außerhalb des Blockes nicht existiert, und b) daß jede außerhalb des Blockes durch diese Bezeichnung dargestellte Größe innerhalb des Blockes nicht verfügbar ist.

Bezeichnungen, die in einem Block vorkommen, aber nicht in diesem vereinbart wurden, sind bezüglich dieses Blockes nichtlokal[1]), d. h., sie vertreten dieselbe Größe innerhalb des Blockes und auf dem Niveau unmittelbar außerhalb desselben. Eine Ausnahme hiervon bilden die Bezeichnungen, die Marken darstellen. Eine Marke, die von einer Anweisung durch einen Doppelpunkt getrennt ist und damit diese Anweisung markiert, verhält sich so, als ob sie im Kopf des kleinsten umfassenden Blockes, d. h. des kleinsten Blockes, dessen Klammern **begin** und **end** die Anweisung einschließen, vereinbart wäre. In diesem Zusammenhang muß ein Prozedurhauptteil als zwischen **begin** und **end** eingeschlossen betrachtet und als Block behandelt werden.

Da eine Anweisung eines Blockes selbst wieder ein Block sein kann, müssen die Begriffe lokal und nichtlokal rekursiv verstanden werden. So kann eine Bezeichnung, die bezüglich eines Blockes *A* nichtlokal ist, bezüglich eines Blockes *B*, der *A* als Anweisung enthält, lokal sein oder auch nicht.

4.2. Ergibtanweisungen

4.2.1. Syntax

⟨linker Teil⟩ : : = ⟨Variable⟩ : = | ⟨Prozedurbezeichnung⟩ : =[2])
⟨Liste des linken Teils⟩ : : = ⟨linker Teil⟩ | ⟨Liste des linken Teils⟩ ⟨linker Teil⟩
⟨Ergibtanweisung⟩ : : = ⟨Liste des linken Teils⟩ ⟨arithmetischer Ausdruck⟩ | ⟨Liste des linken Teils⟩ ⟨logischer Ausdruck⟩

4.2.2. Beispiele

$s := p[0] := n := n + 1 + s$
$n := n + 1$
$A := B/C - v - q \times S$
$S\,[v, k + 2] := 3 - arctan\,(s \times zeta)$
$V := Q > Y \wedge Z$

4.2.3. Semantik

Ergibtanweisungen dienen dazu, den Wert eines Ausdruckes einer oder mehreren Variablen oder Prozedurbezeichnungen zuzuweisen. Die Wert-

[1]) Für *nichtlokal* ist auch der Terminus *global* geläufig (Anm. d. Hrsg. d. dtsch. Ausgabe).

[2]) Das Ergibtzeichen : = ist zu lesen als „ergibt sich aus“ (Anmerkung d. Hrsgs. d. dtsch. Ausgabe).

zuweisung an eine Prozedurbezeichnung darf nur innerhalb des Hauptteils einer Prozedur erfolgen, die den Wert einer Funktion definiert (vgl. Abschn. 5.4.4). Die Ausführung einer Ergibtanweisung geschieht im allgemeinen Fall in folgenden drei Schritten:

4.2.3.1. Indexausdrücke, die in links stehenden Variablen vorkommen, werden in der Reihenfolge von links nach rechts berechnet.

4.2.3.2. Der Ausdruck der Anweisung wird berechnet.

4.2.3.3. Der Wert des Ausdruckes wird allen links stehenden Variablen, deren Indexausdrücke gemäß Schritt 4.2.3.1 berechnet wurden, zugewiesen.

4.2.4. Typen

Der Typ aller Variablen und Prozedurbezeichnungen einer Liste des linken Teils muß gleich sein. Ist der Typ **Boolean**, so muß der Ausdruck ebenfalls vom Typ **Boolean** sein. Ist der Typ **real** oder **integer**, so muß der Ausdruck arithmetisch sein. Falls sich der Typ des arithmetischen Ausdrucks von dem der Variablen und Prozedurbezeichnungen unterscheidet, wird angenommen, daß automatisch geeignete Umwandlungsfunktionen angesprochen werden. Bei der Umwandlung vom Typ **real** in den Typ **integer** soll die Umwandlungsfunktion ein Ergebnis liefern, daß äquivalent ist mit

$$entier\ (A + 0.5)\ ,$$

wo A der Wert des Ausdruckes ist. Der Typ einer Prozedurbezeichnung wird durch das Vereinbarungszeichen angegeben, das als erstes Symbol in der entsprechenden Prozedurvereinbarung erscheint (vgl. Abschn. 5.4.4).

4.3. Sprunganweisungen

4.3.1. Syntax

⟨Sprunganweisung⟩ : : = **go to** ⟨Zielausdruck⟩

4.3.2. Beispiele

go to *8*
go to *Ausgang* [*n* + *1*]
go to *Stadt* [**if** *y* < *0* **then** *N* **else** *N* + *1*]
go to if *Ab* < *c* **then** *17* **else** *q* [**if** *w* < *0* **then** *2* **else** *n*]

4.3.3. Semantik

Eine Sprunganweisung unterbricht den normalen Ablauf der Operationen, der durch das Aufschreiben der Anweisungen bestimmt ist, indem sie die ihr folgende Anweisung explizit durch den Wert eines Zielausdruckes festlegt.

4.3.4. Einschränkung

Da Marken ihrem Wesen nach lokal sind, kann eine Sprunganweisung nicht von außen in einen Block hineinführen. Eine Sprunganweisung darf jedoch von außen in eine Verbundanweisung hineinführen.

4.3.5. Sprung nach einem nicht definierten Zielverteiler

Eine Sprunganweisung ist einer leeren Anweisung äquivalent, wenn ihr Zielausdruck ein Zielverteiler ist, dessen Wert nicht definiert ist.

4.4. Leere Anweisungen

4.4.1. Syntax

⟨leere Anweisung⟩ : : = ⟨leere Zeichenkette⟩

4.4.2. Beispiele

M:
begin . . . ; *John* : **end**

4.4.3. Semantik

Eine leere Anweisung führt keine Operation aus. Sie kann zum Setzen einer Marke dienen.

4.5. Bedingte Anweisungen

4.5.1. Syntax

⟨Wenn-Klausel⟩ : : = **if** ⟨logischer Ausdruck⟩ **then**
⟨unbedingte Anweisung⟩ : : = ⟨Grundanweisung⟩ | ⟨Verbundanweisung⟩ | ⟨Block⟩
⟨Wenn-Anweisung⟩ : : = ⟨Wenn-Klausel⟩ ⟨unbedingte Anweisung⟩
⟨bedingte Anweisung⟩ : : = ⟨Wenn-Anweisung⟩ | ⟨Wenn-Anweisung⟩ **else** ⟨Anweisung⟩ | ⟨Wenn-Klausel⟩ ⟨Laufanweisung⟩ | ⟨Marke⟩: ⟨bedingte Anweisung⟩

4.5.2. Beispiele

if $x > 0$ **then** $n := n + 1$

if $v > u$ **then** $V : q := n + m$ **else go to** R

if $s < 0 \vee P \leqq Q$ **then** AA : **begin if** $q < v$ **then** $a := v/s$
else $y := 2 \times a$ **end else if** $v > s$ **then** $a := v - q$
else if $v > s - 1$ **then go to** S

4.5.3. Semantik

Bedingte Anweisungen bewirken, daß bestimmte Anweisungen ausgeführt oder übersprungen werden, je nachdem, welche laufenden Werte die angegebenen logischen Ausdrücke besitzen.

4.5.3.1. Wenn-Anweisung. Die unbedingte Anweisung einer Wenn-Anweisung wird ausgeführt, wenn der logische Ausdruck der Wenn-Klausel den Wert **true** hat. Andernfalls wird sie übersprungen und die Rechnung mit der nächsten Anweisung fortgesetzt.

4.5.3.2. Bedingte Anweisung. Nach der Syntax sind zwei verschiedene Formen von bedingten Anweisungen möglich. Diese können wie folgt veranschaulicht werden:

if *B1* **then** *A1* **else if** *B2* **then** *A2* **else** *A3* ; *A4*

und

if *B1* **then** *A1* **else if** *B2* **then** *A2* **else if** *B3* **then** *A3* ; *A4*

Darin bedeuten *B1*, *B2* und *B3* logische Ausdrücke, während *A1*, *A2* und *A3* unbedingte Anweisungen sind. *A4* ist diejenige Anweisung, die der gesamten bedingten Anweisung folgt.

Die Ausführung einer bedingten Anweisung kann wie folgt beschrieben werden: Die logischen Ausdrücke der Wenn-Klauseln werden der Reihe nach von links nach rechts berechnet, bis einer mit dem Wert **true** gefunden ist. Dann wird die unbedingte Anweisung ausgeführt, die diesem logischen Ausdruck folgt. Wenn diese Anweisung ihren Nachfolger nicht selbst bestimmt, wird als nächste Anweisung *A4* ausgeführt, d. h. die Anweisung, die der gesamten bedingten Anweisung folgt. Man kann daher die Wirkung des Begrenzers **else** etwa so beschreiben: Er definiert als Nachfolger der Anweisung, hinter der er steht, die Anweisung, die der gesamten bedingten Anweisung folgt.

Die Konstruktion

else ⟨unbedingte Anweisung⟩

ist äquivalent mit

else if true then ⟨unbedingte Anweisung⟩

Falls keiner der logischen Ausdrücke der Wenn-Klauseln den Wert **true** hat, wirkt die gesamte bedingte Anweisung (in der zweiten Form, Anmerkung d. Hrsgs. d. dtsch. Ausgabe) wie eine leere Anweisung.

Zur weiteren Erläuterung kann das folgende Schema dienen:

```
                                ......................................
                       ↑                           ↑                  ↓
if B1 then A1 else if B2 then A2 else A3 ; A4
↓......................↑ ↓.........................↑
        B1 false                  B2 false
```

4.5.4. Sprung in eine bedingte Anweisung

Die Wirkung einer Sprunganweisung, die in eine bedingte Anweisung hineinführt, folgt direkt aus der obigen Erklärung der Wirkung von **else**.

4.6. Laufanweisungen

4.6.1. Syntax

⟨LaufListenelement⟩ : : = ⟨arithmetischer Ausdruck⟩ | ⟨arithmetischer Ausdruck⟩ **step** ⟨arithmetischer Ausdruck⟩ **until** ⟨arithmetischer Ausdruck⟩ | ⟨arithmetischer Ausdruck⟩ **while** ⟨logischer Ausdruck⟩

⟨Laufliste⟩ : : = ⟨LaufListenelement⟩ | ⟨Laufliste⟩ , ⟨Lauflistenelement⟩

⟨Laufklausel⟩ : : = **for** ⟨Variable⟩ : = ⟨Laufliste⟩ **do**

⟨Laufanweisung⟩ : : = ⟨Laufklausel⟩ ⟨ Anweisung⟩ | ⟨Marke⟩ : ⟨Laufanweisung⟩

4.6.2. Beispiele

for *q* : = *1* **step** *s* **until** *n* **do** *A* [*q*] : = *B*[*q*]

for *k* : = *1*, *V1* × *2* **while** *V1* < *N* **do for** *j* : = *I* + *G*, *L*,
1 **step** *1* **until** *N*, *C* + *D* **do** *A* [*k*, *j*] : = *B* [*k*, *j*]

4.6.3. Semantik

Eine Laufklausel bewirkt, daß die ihr folgende Anweisung *A* null- oder mehrfach wiederholt ausgeführt wird. Außerdem führt sie eine Reihe von Wertzuweisungen an die Laufvariable durch. Dieser Prozeß kann durch folgendes Schema veranschaulicht werden:

```
                ________________________________
                ↓                               ↑
Anfangswert; Test; Anweisung A; Weiterrücken; Nachfolger
                ↓                                       ↑
                ________________________________________
                        Laufliste ausgeschöpft
```

In diesem Schema bedeutet das Wort Anfangswert: Führe die erste Wertzuweisung der Laufklausel durch. Weiterrücken heißt: Führe die nächste Wertzuweisung der Laufklausel durch. Der Test prüft, ob schon die letzte Wertzuweisung durchgeführt wurde. Wenn ja, wird mit der Anweisung, die der Laufanweisung folgt, fortgefahren. Wenn nein, wird die der Laufklausel folgende Anweisung *A* ausgeführt[1]).

4.6.4. Lauflistenelemente

Die Laufliste ist eine Regel zur Bestimmung der Werte, die nacheinander der Laufvariablen zuzuordnen sind. Diese Wertefolge ergibt sich, wenn die Lauflistenelemente in der Reihenfolge abgearbeitet werden, in der sie aufgeschrieben sind. Für die Erzeugung der Wertefolge gemäß jeder der drei Arten von Lauflistenelementen und für die Ausführung der Anweisung *A* gelten folgende Regeln:

4.6.4.1. Arithmetischer Ausdruck. Dieses Lauflistenelement erzeugt einen einzigen Wert, nämlich den Wert des gegebenen arithmetischen Ausdrucks. Die Berechnung dieses Wertes erfolgt unmittelbar vor Ausführung der Anweisung *A*.

4.6.4.2. **step-until**-*Element.* Die Wirkung eines Lauflistenelementes der Form

B **step** *C* **until** *D*

wo *B*, *C* und *D* arithmetische Ausdrücke sind, kann am kürzesten in Termen zusätzlicher ALGOL-Anweisungen wie folgt beschrieben werden:

V : = *B*;
M1 : **if** (*V* − *D*) × *sign* (*C*) > *0* **then go to** *Element ausgeschoepft*;
Anweisung *A*;
V : = *V* + *C*;
go to *M1*;

Hierin ist *V* die Laufvariable der Laufklausel, und „*Element ausgeschoepft*" führt zum nächsten Element der Laufliste oder, falls das **step-until**-Element das letzte Element der Laufliste ist, zur nächsten Anweisung des Programms.

4.6.4.3. **while**-*Element.* Die Wirkung eines Lauflistenelementes der Form

E **while** *F*

wo *E* ein arithmetischer und *F* ein logischer Ausdruck ist, kann am kürzesten in Termen zusätzlicher ALGOL-Anweisungen wie folgt beschrieben werden:

[1]) Wenn ein Lauflistenelement „leer" ist, wird die Anweisung *A* nicht ausgeführt, sondern sofort zum nächsten Lauflistenelement weitergegangen (Anmerkung d. Hrsgs. d. dtsch. Ausgabe).

M3 : *V* : = *E*;
if ¬ *F* **then go to** *Element ausgeschoepft* ;
Anweisung *A* ;
go to *M3* ;

Die Bezeichnungsweise ist dieselbe wie in 4.6.4.2.

4.6.5. Endwert der Laufvariablen

Wird die Anweisung *A* (angenommen, sie ist eine Verbundanweisung) durch eine Sprunganweisung verlassen, so bleibt der Wert der Laufvariablen derselbe wie unmittelbar vor Ausführung der Sprunganweisung.

Ist der Austritt aus der Laufanweisung andererseits auf die Ausschöpfung der Laufliste zurückzuführen, so ist der Wert der Laufvariablen nach dem Austritt nicht definiert.

4.6.6. Sprung in eine Laufanweisung

Die Wirkung einer Sprunganweisung, die außerhalb einer Laufanweisung steht und sich auf eine Marke innerhalb der Laufanweisung bezieht, ist nicht definiert.

4.7. Prozeduranweisungen

4.7.1. Syntax

⟨aktueller Parameter⟩ : : = ⟨Zeichenkette⟩ | ⟨Ausdruck⟩ | ⟨Feldbezeichnung⟩ ⟨Verteilerbezeichnung⟩ | ⟨Prozedurbezeichnung⟩
⟨Buchstabenkette⟩ :: = ⟨Buchstabe⟩ | ⟨Buchstabenkette⟩ ⟨Buchstabe⟩
⟨Parameterbegrenzer⟩ : : = , |) ⟨Buchstabenkette⟩ : (
⟨aktuelle Parameterliste⟩ : : = ⟨aktueller Parameter⟩ | ⟨aktuelle Parameterliste⟩ ⟨Parameterbegrenzer⟩ ⟨aktueller Parameter⟩
⟨aktueller Parameterteil⟩ : : = ⟨leere Zeichenkette⟩ | (⟨aktuelle Parameterliste⟩)
⟨Prozeduranweisung⟩ : : = ⟨Prozedurbezeichnung⟩ ⟨aktueller Parameterteil⟩

4.7.2. Beispiele

Spur (*A*) *Ordnung*: (*7*) *Ergebnis*: (*V*)
Transponiere (*W*, *v* + *1*)
Absmax (*A*, *N*, *M*, *Yy*, *I*, *K*)
Inneres Produkt (*A* [*t*, *P*, *u*], *B* [*P*], *10*, *P*, *Y*)

Diese Beispiele entsprechen den in Abschn. 5.4.2 angegebenen.

4.7.3. Semantik

Eine Prozeduranweisung dient dazu, die Ausführung eines Prozedurhauptteils aufzurufen. Ist der Prozedurhauptteil eine in ALGOL geschriebene Anweisung, so ist die Ausführung dieser Prozeduranweisung gleichbedeutend mit der Ausführung folgender Operationen:

4.7.3.1. Wertzuordnung (Aufruf des Wertes). Allen formalen Parametern, die im Werteteil des Prozedurkopfes aufgeführt sind, werden die Werte (vgl. Abschn. 2.8. Werte und Typen) der entsprechenden aktuellen Parameter zugeordnet. Diese Zuordnungen werden bei Eintritt in den Prozedurhauptteil als ausgeführt betrachtet. Die Wirkung dieser Wertzuordnungen ist die gleiche, als ob ein zusätzlicher Block eingeführt wird, der den Prozedurhauptteil umfaßt und in dem die Wertzuordnungen an die bezüglich dieses fiktiven Blockes lokalen Variablen durchgeführt werden. Die Typen dieser Variablen entsprechen dabei den im Benennungsteil angegebenen (vgl. Abschn. 5.4.5). Die durch ihren Wert aufgerufenen Variablen werden demzufolge bezüglich des Prozedurhauptteils als nichtlokal betrachtet, wohl aber als lokal bezüglich des fiktiven Blockes (vgl. Abschn. 5.4.3).

4.7.3.2. Bezeichnungssubstitution (Aufruf des Namens). Jeder nicht in der Werteliste aufgeführte formale Parameter wird im ganzen Prozedurhauptteil durch den entsprechenden aktuellen Parameter ersetzt, nachdem dieser, falls es syntaktisch möglich ist, in runde Klammern eingeschlossen wurde. Verwechslungen, die zwischen den eingesetzten und den bereits im Prozedurhauptteil vorhandenen Bezeichnungen auftreten könnten, werden durch geeignete systematische Änderungen der formalen oder lokalen Bezeichnungen vermieden.

4.7.3.3. Hauptteilsubstitution und Ausführung. Zuletzt wird der Prozedurhauptteil nach obigen Veränderungen an die Stelle der Prozeduranweisung gesetzt und ausgeführt. Wird die Prozedur von einer Stelle außerhalb des Gültigkeitsbereiches einer nichtlokalen Größe des Prozedurhauptteils aufgerufen, so werden Verwechslungen zwischen den Bezeichnungen, die durch die Hauptteilsubstitution eingesetzt wurden, und den Bezeichnungen, die beim Aufruf der Prozedur oder Funktion gültig sind, durch geeignete systematische Änderungen der zuletzt genannten Bezeichnungen vermieden.

4.7.4. Zuordnung zwischen aktuellen und formalen Parametern

Die Zuordnung zwischen den aktuellen Parametern der Prozeduranweisung und den formalen Parametern des Prozedurkopfes wird wie folgt festgesetzt: Die aktuelle Parameterliste der Prozeduranweisung muß die gleiche Anzahl von Elementen besitzen wie die formale Parameterliste des Prozedurkopfes. Die Zuordnung zwischen den Parametern geschieht dadurch, daß die Elemente der beiden Listen in der gleichen Reihenfolge genommen werden.

4.7.5. Beschränkungen

Damit eine Prozeduranweisung überhaupt definiert ist, müssen die gemäß Abschn. 4.7.3.1 und 4.7.3.2 am Prozedurhauptteil vorzunehmenden Operationen zu einer korrekten ALGOL-Anweisung führen.

Hieraus folgt für jede Prozeduranweisung die Beschränkung, daß Art und Typ jedes aktuellen Parameters mit Art und Typ des entsprechenden formalen Parameters verträglich sein müssen. Einige wichtige Spezialfälle dieser allgemeinen Regel sind:

4.7.5.1. Wenn eine Zeichenkette als aktueller Parameter in eine Prozeduranweisung oder Funktion eingesetzt wird, deren Prozedurhauptteil eine ALGOL 60-Anweisung ist (im Gegensatz zu Nicht-ALGOL-Code, vgl. Abschn. 4.7.8), so kann diese Zeichenkette innerhalb des Prozedurhauptteils nur als aktueller Parameter für weitere Prozeduraufrufe benutzt werden. Der letzte Prozedurhauptteil, in dem die Zeichenkette benutzt wird, muß in Nicht-ALGOL-Code geschrieben sein.

4.7.5.2. Ein formaler Parameter, der innerhalb des Prozedurhauptteils im linken Teil einer Ergibtanweisung als Variable vorkommt und nicht im Werteteil aufgeführt ist, kann nur einem aktuellen Parameter zugeordnet sein, der selbst eine Variable ist (Spezialfall eines Ausdrucks).

4.7.5.3. Ein formaler Parameter, der innerhalb des Prozedurhauptteils als Feldbezeichnung benutzt wird, kann nur einem aktuellen Parameter zugeordnet sein, der eine Feldbezeichnung für ein Feld derselben Dimension darstellt. Wenn der formale Parameter außerdem im Werteteil aufgeführt ist, wird das während des Aufrufes erzeugte lokale Feld dieselben Indexgrenzen wie das aktuelle Feld haben.

4.7.5.4. Ein formaler Parameter, der im Werteteil aufgeführt ist, kann im allgemeinen nicht einer Verteilerbezeichnung, Prozedurbezeichnung oder Zeichenkette zugeordnet sein, weil diese keine Werte besitzen. Eine Ausnahme bildet die Prozedurbezeichnung in einer Prozedurvereinbarung, die den Wert einer Funktion definiert (vgl. Abschn. 5.4.4) und deren formaler Parameterteil leer ist (vgl. Abschn. 5.4.1). Diese Prozedurbezeichnung ist selbst ein vollständiger Ausdruck.

4.7.5.5. Jeder formale Parameter darf Beschränkungen hinsichtlich des Typs des zugehörigen aktuellen Parameters besitzen (diese Beschränkungen können, brauchen aber nicht, im Benennungsteil des Prozedurkopfes angegeben werden). In der Prozeduranweisung müssen solche Beschränkungen natürlich beachtet werden.

4.7.6. Entfällt

4.7.7. Parameterbegrenzer

Alle Parameterbegrenzer sind als gleichwertig anzusehen. Zwischen den in der Prozeduranweisung benutzten und den im Prozedurkopf aufgeführten Parameterbegrenzern wird, außer daß ihre Anzahl dieselbe sein muß, keine Übereinstimmung gefordert. Demzufolge ist die durch Verwendung des komplizierteren Parameterbegrenzers zu übermittelnde Information frei wählbar.

4.7.8. Prozedurhauptteil in Maschinencode

Ruft eine Prozeduranweisung eine Prozedur auf, deren Hauptteil in Nicht-ALGOL-Code formuliert ist, und unterliegt diese Prozeduranweisung gewissen Beschränkungen, so sind diese Beschränkungen selbstverständlich nur den Eigenschaften des verwendeten Codes und der Absicht des Benutzers zuzuschreiben, nicht aber der Bezugssprache.

5. Vereinbarungen

Vereinbarungen dienen dazu, die in einem Programm benutzten Größen mit Bezeichnungen zu belegen und ihre Eigenschaften zu definieren. Eine Vereinbarung für eine Bezeichnung ist immer nur für einen Block gültig. Außerhalb dieses Blockes kann dieselbe Bezeichnung anderweitig verwendet werden (vgl. Abschn. 4.1.3).

Dynamisch bedeutet das folgendes: Beim Eintritt in einen Block (über das **begin**, weil die Marken innerhalb des Blockes lokal sind und deshalb von außen nicht erreicht werden können) nehmen alle für den Block vereinbarten Bezeichnungen die Bedeutung an, die durch die Art der Vereinbarung festgelegt ist. Wenn diese Bezeichnungen schon durch andere Vereinbarungen außerhalb des Blockes definiert wurden, wird ihnen vorübergehend eine neue Bedeutung gegeben. Andererseits behalten Bezeichnungen, die für den Block nicht neu vereinbart wurden, ihre alte Bedeutung.

Beim Austritt aus einem Block (über das **end** oder mittels einer Sprunganweisung) verlieren alle im Block vereinbarten Bezeichnungen ihre lokale Bedeutung.

Eine Vereinbarung kann mit dem zusätzlichen Vereinbarungszeichen **own** versehen werden. Das bewirkt folgendes: Beim Wiedereintritt in einen Block besitzen die **own**-Größen dieselben Werte wie beim letzten Austritt, während die Werte der nicht zusätzlich als **own** vereinbarten Variablen nicht definiert sind. Abgesehen von Marken und formalen Parametern von Prozedurvereinbarungen und mit der möglichen Ausnahme der Bezeichnungen für Standardfunktionen (vgl. Abschn. 3.2.4 und 3.2.5) müssen alle Bezeichnungen eines Programmes vereinbart werden. Keine Bezeichnung darf in einem Blockkopf mehr als einmal vereinbart werden.

⟨Vereinbarung⟩ : : = ⟨Typvereinbarung⟩ | ⟨Feldvereinbarung⟩ | ⟨Verteiler-vereinbarung⟩ | ⟨Prozedurvereinbarung⟩

5.1. Typvereinbarungen

5.1.1. Syntax

⟨Typenliste⟩ : : = ⟨einfache Variable⟩ | ⟨einfache Variable⟩ , ⟨Typenliste⟩
⟨Typ⟩ : : = **real** | **integer** | **Boolean**
⟨lokaler oder **own**-Typ⟩: : = ⟨Typ⟩ | **own** ⟨Typ⟩
⟨Typvereinbarung⟩: : = ⟨lokaler oder **own**-Typ⟩ ⟨Typenliste⟩

5.1.2. Beispiele

integer *p*, *q*, *s*
own Boolean *Acryl*, *n*

5.1.3. Semantik

Durch Typvereinbarungen wird festgelegt, daß gewisse Bezeichnungen einfache Variablen vom angegebenen Typ darstellen. **real**-vereinbarte Variablen dürfen nur positive und negative Werte und den Wert Null annehmen. **integer**-vereinbarte Variablen dürfen nur positive und negative ganzzahlige Werte und den Wert Null annehmen. **Boolean**-vereinbarte Variablen dürfen nur die Werte **true** und **false** annehmen.

In arithmetischen Ausdrücken darf überall dort, wo eine **real**-vereinbarte Variable stehen darf, auch eine **integer**-vereinbarte Variable stehen.

Zur Semantik von **own** siehe den vierten Absatz des obigen Abschnitts 5.

5.2. Feldvereinbarungen

5.2.1. Syntax

⟨untere Grenze⟩ : := ⟨arithmetischer Ausdruck⟩
⟨obere Grenze⟩ : := ⟨arithmetischer Ausdruck⟩
⟨Grenzenpaar⟩ : := ⟨untere Grenze⟩ : ⟨obere Grenze⟩
⟨Grenzenliste⟩ : := ⟨Grenzenpaar⟩ | ⟨Grenzenliste⟩, ⟨Grenzenpaar⟩
⟨Feldsegment⟩ : := ⟨Feldbezeichnung⟩ [⟨Grenzenliste⟩] | ⟨Feldbezeichnung⟩, ⟨Feldsegment⟩
⟨Feldliste⟩ : : = ⟨Feldsegment⟩ | ⟨Feldliste⟩, ⟨Feldsegment⟩
⟨Feldvereinbarung⟩ : : = **array** ⟨Feldliste⟩ | ⟨lokaler oder **own**-Typ⟩ **array** ⟨Feldliste⟩

5.2.2. Beispiele

array $a, b, c\,[7:n, 2:m], s\,[-2:10]$

own integer array A [**if** $c < 0$ **then** 2 **else** $1:20$]

real array $q\,[-7:-1]$

5.2.3. Semantik

Eine Feldvereinbarung ordnet einer oder mehreren Bezeichnungen mehrdimensionale Felder von indizierten Variablen zu und gibt die Dimensionen der Felder, die Grenzen der Indizes und die Typen der Variablen an.

5.2.3.1. Indexgrenzen. Für jedes Feld sind die Indexgrenzen in der ersten Indexklammer, die der Feldbezeichnung folgt, in Form einer Grenzenliste angegeben. Jedes Element dieser Liste gibt die untere und obere Grenze eines Index an, und zwar in Form zweier arithmetischer Ausdrücke, die durch den Begrenzer : voneinander getrennt sind. Die Grenzenliste enthält die Grenzen aller Indizes, die Zuordnung zwischen den Grenzenpaaren und den Indizes geschieht in der Reihenfolge von links nach rechts.

5.2.3.2. Dimension. Unter der Dimension eines Feldes wird die Anzahl der Elemente der Grenzenliste verstanden.

5.2.3.3. Typen. Alle in derselben Vereinbarung aufgeführten Felder besitzen den gleichen, in der Feldvereinbarung angegebenen, Typ. Ist kein Typ angegeben, so wird darunter der Typ **real** verstanden.

5.2.4. Ausdrücke für untere und obere Grenzen

5.2.4.1. Die Ausdrücke werden in derselben Weise wie Indexausdrücke berechnet (vgl. Abschn. 3.1.4.2).

5.2.4.2. Die Ausdrücke können nur von Variablen und Prozeduren abhängen, die bezüglich des Blockes, für den die Feldvereinbarung gültig ist, nichtlokal sind. Folglich dürfen in dem äußersten Block eines Programms nur Feldvereinbarungen mit konstanten Grenzen aufgeführt werden.

5.2.4.3. Ein Feld ist nur dann definiert, wenn die Werte aller oberen Indexgrenzen nicht kleiner als die der entsprechenden unteren Indexgrenzen sind.

5.2.4.4. Die Ausdrücke werden bei jedem Eintritt in den Block einmal berechnet.

5.2.5. Identität von indizierten Variablen

Eine indizierte Variable selbst hat keine Beziehung zu den Indexgrenzen in der Feldvereinbarung. Wenn jedoch ein Feld als **own** vereinbart wurde, sind immer nur die Werte derjenigen indizierten Variablen definiert, deren Indizes innerhalb der zuletzt berechneten Indexgrenzen liegen.

5.3. Verteilervereinbarungen

5.3.1. Syntax

⟨Verteilerliste⟩ : : = ⟨Zielausdruck⟩ | ⟨Verteilerliste⟩, ⟨Zielausdruck⟩
⟨Verteilervereinbarung⟩ : : = **switch** ⟨Verteilerbezeichnung⟩ : = ⟨Verteilerliste⟩

5.3.2. Beispiele

switch $V := V1, V2, Q[m],$ **if** $v > -5$ **then** $V3$ **else** $V4$
switch $Q := p1, w$

5.3.3. Semantik

Eine Verteilervereinbarung definiert den Wertesatz eines Zielverteilers. Diese Werte sind als Werte der in der Verteilerliste aufgeführten Zielausdrücke gegeben. Jedem der Zielausdrücke ist eine natürliche Zahl *1, 2, . . .* zugeordnet, die man durch Abzählen der Zielausdrücke in der Verteilerliste von links nach rechts erhält. Für einen bestimmten Wert seines Zielausdruckes (vgl. Abschn. 3.5. Zielausdrücke) besitzt der Zielverteiler denjenigen Wert, den der in der Verteilerliste aufgeführte Zielausdruck hat, dessen zugeordnete ganze Zahl mit dem Wert des Indexausdruckes übereinstimmt.

5.3.4. Berechnung von Ausdrücken in der Verteilerliste

Ein Ausdruck in der Verteilerliste wird jedesmal berechnet, wenn auf das Listenelement, in dem der Ausdruck vorkommt, Bezug genommen wird. Dabei werden die gerade gültigen Werte der Variablen benutzt.

5.3.5. Einfluß der Bereiche

Wenn ein Zielverteiler außerhalb des Gültigkeitsbereiches einer Größe vorkommt, die in einen Zielausdruck der Verteilerliste eingeht, und wenn durch die Berechnung dieses Zielverteilers dieser Zielausdruck ausgewählt wird, dann werden Verwechslungen zwischen den Bezeichnungen der Größen des Zielausdrucks und den Bezeichnungen, deren Vereinbarungen beim Auftreten des Zielverteilers gültig sind, durch geeignete systematische Änderungen der zuletzt genannten Bezeichnungen vermieden.

5.4. Prozedurvereinbarungen

5.4.1. Syntax

⟨formaler Parameter⟩ : : = ⟨Bezeichnung⟩

⟨formale Parameterliste⟩ : : = ⟨formaler Parameter⟩ | ⟨formale Parameterliste⟩ ⟨Parameterbegrenzer⟩ ⟨formaler Parameter⟩

⟨formaler Parameterteil⟩ : : = ⟨leere Zeichenkette⟩ | (⟨formale Parameterliste⟩)

⟨Bezeichnungenliste⟩ : : = ⟨Bezeichnung⟩ | ⟨Bezeichnungenliste⟩, ⟨Bezeichnung⟩

⟨Werteteil⟩ : : = **value** ⟨Bezeichnungenliste⟩ ; | ⟨leere Zeichenkette⟩

⟨Benennung⟩ : : = **string** | ⟨Typ⟩ | **array** | ⟨Typ⟩ **array** | **label** | **switch** | **procedure** | ⟨Typ⟩ **procedure**

⟨Benennungsteil⟩ : : = ⟨leere Zeichenkette⟩ | ⟨Benennung⟩ ⟨Bezeichnungenliste⟩ ; | ⟨Benennungsteil⟩ ⟨Benennung⟩ ⟨Bezeichnungenliste⟩ ;

⟨Prozedurkopf⟩ : : = ⟨Prozedurbezeichnung⟩ ⟨formaler Parameterteil⟩ ; ⟨Werteteil⟩ ⟨Benennungsteil⟩

⟨Prozedurhauptteil⟩ : : = ⟨Anweisung⟩ | ⟨Code⟩

⟨Prozedurvereinbarung⟩ : : = **procedure** ⟨Prozedurkopf⟩ ⟨Prozedurhauptteil⟩ | ⟨Typ⟩ **procedure** ⟨Prozedurkopf⟩ ⟨Prozedurhauptteil⟩

5.4.2. Beispiele

(siehe auch die Beispiele am Ende des Berichts)

```
procedure Spur (a) Ordnung : (n) Ergebnis : (s) ; value n ;
array a; integer n; real s ;
begin integer k ;
s : = 0 ;
for k : = 1 step 1 until n do s : = s + a [k, k]
end
```

```
procedure Transponiere (a) Ordnung : (n) ; value n ;
array a ; integer n ;
begin real w ; integer i, k ;
for i : = 1 step 1 until n do
    for k : = 1 + i step 1 until n do
    begin w : = a [i, k] ;
          a [i, k] : = a [k, i] ;
          a [k, i] : = w
    end
end Transponiere
```

```
integer procedure Schritt (u); real u;
Schritt := if 0 ≦ u ∧ u ≦ 1 then 1 else 0

procedure Absmax (a) Groesse: (n, m) Ergebnis: (y) Indizes: (i, k);
comment Das betragsgroesste Element der (n, m)-Matrix a wird nach y gebracht
und die Indizes dieses Elementes nach i und k;
array a; integer n, m, i, k; real y;
begin integer p, q;
y := 0;
for p := 1 step 1 until n do for q := 1 step 1 until m do
if abs (a[p, q] > y then begin y := abs (a[p, q]); i := p; k := q end end Absmax

procedure Inneres Produkt (a, b) Ordnung: (k, p) Ergebnis: (y); value k;
integer k, p; real y, a, b;
begin real s;
s := 0;
for p := 1 step 1 until k do s := s + a × b;
y := s
end Inneres Produkt
```

5.4.3. Semantik

Eine Prozedurvereinbarung dient zur Definition der zu einer Prozedurbezeichnung gehörigen Prozedur. Der Hauptbestandteil einer Prozedurvereinbarung ist eine Anweisung oder ein in Maschinencode geschriebenes Programmstück und wird Prozedurhauptteil genannt. Dieser Prozedurhauptteil kann innerhalb des Blockes, zu dessen Kopf die Prozedurvereinbarung gehört, durch Verwendung von Prozeduranweisungen und/oder Funktionen in Aktion gesetzt werden. Dem Prozedurhauptteil geht ein Prozedurkopf voran, der verschiedene im Hauptteil verwendete Bezeichnungen als formale Parameter kenntlich macht. Den formalen Parametern des Prozedurhauptteils werden bei jedem Aufruf der Prozedur (vgl. Abschn. 3.2. Funktionen und Abschn. 4.7. Prozeduranweisungen) die Werte der aktuellen Parameter zugewiesen, oder sie werden selbst durch die aktuellen Parameter ersetzt. Bezeichnungen des Prozedurhauptteils, die keine formalen Parameter darstellen, sind entweder bezüglich des Hauptteils lokal oder nichtlokal, je nachdem, ob sie im Hauptteil vereinbart wurden oder nicht. Die nichtlokalen Bezeichnungen können natürlich bezüglich des Blockes, in dem die Prozedur vereinbart wurde, lokal sein. Der Prozedurhauptteil wird immer wie ein Block behandelt, gleichgültig ob er die Form eines Blockes hat oder nicht. Demzufolge kann der Gültigkeitsbereich einer Marke, die eine Anweisung innerhalb des Hauptteils oder den Hauptteil selbst markiert, nicht über den Prozedurhauptteil hinausgehen. Außerdem ist folgendes zu beachten: Wenn die Bezeichnung eines formalen Parameters innerhalb des Prozedurhauptteils neu vereinbart wird (oder dort als Marke vorkommt, vgl. Abschn. 4.1.3), erhält sie dadurch eine lokale Bedeutung, und aktuelle Parameter, die sich auf diese Bezeichnung beziehen, sind im Bereich dieser inneren lokalen Größe nicht erreichbar.

5.4.4. Werte von Funktionen

Um nach einer Prozedurvereinbarung den Wert einer Funktion bestimmen zu können, müssen innerhalb des Prozedurhauptteils eine oder mehrere explizite Ergibtanweisungen vorkommen, in denen die Prozedurbezeichnung in einem linken Teil auftritt. Mindestens eine dieser Ergibtanweisungen muß ausgeführt werden. Der zu der Prozedurbezeichnung gehörige Typ wird dadurch vereinbart, daß als erstes Symbol der Prozedurvereinbarung ein Typvereinbarungszeichen gesetzt wird. Der der Prozedurbezeichnung zuletzt zugewiesene Wert wird zur Berechnung des Ausdruckes, in dem die Funktion vorkommt, benutzt. Jedes Auftreten der Prozedurbezeichnung innerhalb des Prozedurhauptteils, außer in einem linken Teil einer Ergibtanweisung, bedeutet die Aktivierung der Prozedur.

5.4.5. Benennungen

Im Prozedurkopf kann ein Benennungsteil enthalten sein, in dem mit Hilfe einer feststehenden Bezeichnungsweise über die Arten und Typen der formalen Parameter Auskunft gegeben wird. Im Benennungsteil dürfen formale Parameter nicht mehr als einmal vorkommen. Benennungen von formalen Parametern, die durch ihren Wert aufgerufen werden (vgl. Abschn. 4.7.3.1) müssen durchgeführt werden. Benennungen von formalen Parametern, die durch ihren Namen aufgerufen werden (vgl. Abschn. 4.7.3.2) können jedoch weggelassen werden.

5.4.6. Code als Prozedurhauptteil

Es ist zulässig, daß der Prozedurhauptteil in einer Nicht-ALGOL-Sprache formuliert wird. Da die Ausnutzung dieser Möglichkeit allein eine Frage der Maschinensprache sein soll, können in der Bezugssprache keine weiteren diesen Code betreffenden Regeln angegeben werden.

BEISPIELE FÜR PROZEDURVEREINBARUNGEN

Beispiel 1

procedure *Euler* (*Fkt, Sum, eps, tim*);
value *eps, tim*; **integer** *tim*; **real procedure** *Fkt*; **real** *Sum, eps*;
comment *Euler berechnet die Summe ueber Fkt(i) fuer i von Null bis Unendlich durch eine passend verfeinerte Euler-Transformation. Die Summation wird beendet, sobald die Terme der transformierten Reihen tim mal hintereinander betragsmaessig kleiner als eps sind. Man muß deshalb eine Funktion Fkt mit ganzzahligem Argument, eine obere Schranke eps und eine ganze Zahl tim vorgeben. Das Ergebnis ist die Summe Sum. Euler ist besonders leistungsfaehig im Fall langsam konvergenter oder divergenter alternierender Reihen*;

```
begin integer i, k, n, t;
      array m [0 : 15];
      real mn, mp, ds;
      i : = n : = t : = 0;
      m [0] : = Fkt(0);
      Sum : = m[0]/2;
      naechster Term: i : = i + 1; mn : = Fkt(i);
      for k : = 0 step 1 until n do
         begin mp : = (mn + m [k])/2;
               m [k] : = mn;
               mn : = mp
         end Mittelwertbildung;
      if (abs (mn) < abs (m [n])) ∧ (n < 15) then
         begin ds : = mn/2;
               n : = n + 1;
               m [n] : = mn
         end Uebernahme
      else ds : = mn;
      Sum : = Sum + ds;
      if abs (ds) < eps then t : = t + 1 else t : = 0;
      if t < tim then go to naechster Term
end Euler
```

Beispiel 2[1]

```
procedure RK (x, y, n, FKT, eps, eta, xE, yE, fi);
value x, y; integer n; Boolean fi; real x, eps, eta, xE;
array y, yE; procedure FKT;
comment RK integriert das System y'_k = f_k(k, y_1, y_2, ..., y_n) (k = 1, 2, ..., n)
von Differentialgleichungen nach dem Runge-Kutta-Verfahren mit automatischer
Schrittweitensuche.

  Parameter sind: Die Anfangswerte x und y[k] fuer x und die unbekannten
Funktionen y_k(x). Die Ordnung n des Systems. Die Prozedur FKT (x, y, n, z),
die das zu integrierende System darstellt, d. h. der Satz von Funktionen f_k. Die
Toleranzwerte eps und eta, die die Genauigkeit der numerischen Integration
steuern. Das Ende des Integrationsintervalls xE. Der Ergebnisparameter yE,
der die Loesung an der Stelle x = xE darstellt. Die logische Variable fi, der bei
einem einmaligen oder ersten Eintritt in RK stets der Wert true zuzuweisen ist.
Wenn die Funktionen y jedoch an mehreren Punkten x_0, x_1, ..., x_n verfuegbar
sein sollen, muss die Prozedur wiederholt aufgerufen werden (mit x = x_k, xE = x_k+1
fuer k = 0, 1, ..., n - 1), und dann koennen die weiteren Aufrufe mit fi = false
erfolgen, wodurch Rechenzeit gespart wird. Die Eingangsparameter fuer FKT
muessen x, y, n sein, und der Ausgangsparameter z stellt den Satz von Ableitungen
z[k] = f_k(x, y[1], y[2], ..., y[n]) fuer x und die aktuellen y dar. Dazu kommt eine
Prozedur comp als nichtlokale Bezeichnung;

begin array z, y1, y2, y3 [1 : n]; real x1, x2, x3, H;
      Boolean aus; integer k, j; own real s, Hs;
      procedure RK1ST (x, y, h, xe, ye); real x, h, xe; array y, ye;
         comment RK1ST fuehrt einen einzelnen Runge-Kutta-Schritt mit den
         Anfangswerten x, y[k] aus, der die Ergebnisparameter xe = x + h und
         ye[k] liefert, wobei der letztere die Loesung bei xe ist.

         Wichtig: die Parameter n, FKT, z treten in RK1ST als nichtlokale
         Groessen auf;
         begin array w[1 : n], a[1 : 5]; integer k, j;
               a[1] := a[2] := a[5] := h/2;
               a[3] := a[4] := h; xe := x;
               for k := 1 step 1 until n do ye[k] := w[k] := y[k];
               for j := 1 step 1 until 4 do
```

[1] Dieses RK-Programm enthält einige neue Ideen, die auf S. Gill zurückgehen: A process for the step by step integration of differential equations in an automatic computing machine. Proc. Camb. Phil. Soc. 47 (1951), S. 96–108, und E. Fröberg: On the solution of ordinary differential equations with digital computing machines. Fysiograf. Sällsk. Lund, Förhd. 20 Nr. 11 (1950), S. 136–152. Es dürfte jedoch klar sein, daß es bezüglich Rechenzeit und Rundungsfehler nicht optimal sein kann. Es ist auch gegenwärtig noch nicht auf einem Automaten getestet worden.

```
                begin FKT (xe, w, n, z);
                      xe : = x + a[j];
                      for k : = 1 step 1 until n do
                      begin w[k] : = y[k] + a[j] × z[k];
                      ye[k] : = ye[k] + a [j + 1] × z[k]/3
                      end k
                end j
         end RK1ST;

Beginn des Programms:
    if fi then begin H : = xE − x; s : = 0 end else H : = Hs;
    aus : = false;
AA : if (x + 2.01 × H − xE > 0) ≡ (H > 0) then
    begin Hs : = H; aus : = true; H : = (xE − x)/2 end if;
    RK1ST (x, y, 2 × H, x1; y1);
BB : RK1ST (x, y, H, x2, y2);
    RK1ST (x2, y2, H, x3, y3);
    for k : = 1 step 1 until n do
        if comp (y1[k], y3[k], eta) > eps then go to CC;
        comment comp (a, b, c) ist eine Funktion, die als Wert den Absolut-
        betrag der Differenz der Mantissen von a und b besitzt, nachdem die
        Exponenten dieser Groessen gleich dem groessten Exponenten der ur-
        spruenglich gegebenen Parameter a, b, c gesetzt worden waren;
    x : = x3;
    if aus then go to DD;
    for k : = 1 step 1 until n do y[k] : = y3[k];
    if s = 5 then begin s : = 0; H : = 2 × H end if;
    s : = s + 1; go to AA;
CC : H : = 0.5 × H; aus : = false; x1 : = x2;
    for k : = 1 step 1 until n do y1[k] : = y2[k];
    go to BB;
DD : for k : = 1 step 1 until n do yE[k] : = y3[k];
end RK
```

BERICHT ÜBER EINGABE- UND AUSGABE-PROZEDUREN FÜR ALGOL 60

1. Einleitung

Von der IFIP/WG 2.1 — ALGOL wurde anerkannt, daß einige im Zusammenhang mit der Eingabe und Ausgabe benutzte Prozeduren als Elementarprozeduren[1]) angesehen werden, die nicht anders als durch einen in Maschinencode geschriebenen Prozedurhauptteil ausgedrückt werden können. Dazu gehören:

insymbol
outsymbol
length
inreal (1)
outreal
inarray
outarray

Abgesehen von diesen Elementarprozeduren braucht man in der Praxis einen umfassenderen Satz von Eingabe- und Ausgabeprozeduren. Die Sprache ALGOL ist jedoch so flexibel, daß die verschiedenen Systeme von Eingabe- und Ausgabeprozeduren weitgehend mittels der oben aufgeführten Elementarprozeduren in der Sprache selbst definiert werden können. Einige Beispiele dazu werden in Abschnitt 4 dieses Berichts angegeben.

2. Definitionen

Es wird empfohlen, daß die Bezeichnungen (1), wenn nicht anders vereinbart, Prozeduren zugeordnet werden, die Werte zwischen den Variablen des Programms und jeder Art von Außenmedien übertragen, die nicht anderweitig vom Programm erreichbar sind.

Die entsprechenden Prozedurvereinbarungen lauten:

procedure *insymbol* (*Kanal*, *Zeichenkette*, *Ziel*); **value** *Kanal*;
  integer *Kanal*, *Ziel*; **string** *Zeichenkette*; ⟨Prozedurhauptteil⟩

procedure *outsymbol* (*Kanal*, *Zeichenkette*, *Herkunft*); **value** *Kanal*, *Herkunft*;
  integer *Kanal*, *Herkunft*; **string** *Zeichenkette*; ⟨Prozedurhauptteil⟩

integer procedure *length* (*Zeichenkette*); **string** *Zeichenkette*; ⟨Prozedurhauptteil⟩

procedure *inreal* (*Kanal*, *Ziel*); **value** *Kanal*;
  integer *Kanal*; **real** *Ziel*; ⟨Prozedurhauptteil⟩

procedure *outreal* (*Kanal*, *Herkunft*); **value** *Kanal*, *Herkunft*;
  integer *Kanal*; **real** *Herkunft*; ⟨Prozedurhauptteil⟩

---

1) engl. primitives. Für diesen (Nicht-ALGOL-)Terminus gibt es bis jetzt noch keine einheitliche Übersetzung (Anm. d. Hrsgs. d. dtsch. Ausgabe).

procedure *inarray* (*Kanal*, *Ziel*); **value** *Kanal*;
    integer *Kanal*; **array** *Ziel*; ⟨Prozedurhauptteil⟩

procedure *outarray* (*Kanal*, *Herkunft*); **value** *Kanal*;
    integer *Kanal*; **array** *Herkunft*; ⟨Prozedurhauptteil⟩

Die Prozeduranweisungen und die Funktion, die diese Prozeduren aufrufen müssen folgende Formen haben:

insymbol (⟨arithmetischer Ausdruck⟩ ⟨Parameterbegrenzer⟩ ⟨Zeichenkette⟩ ⟨Parameterbegrenzer⟩ ⟨Variable⟩)

outsymbol (⟨arithmetischer Ausdruck⟩ ⟨Parameterbegrenzer⟩ ⟨Zeichenkette⟩ ⟨Parameterbegrenzer⟩ ⟨arithmetischer Ausdruck⟩)

length (⟨Zeichenkette⟩)

inreal (⟨arithmetischer Ausdruck⟩ ⟨Parameterbegrenzer⟩ ⟨Variable⟩)

outreal (⟨arithmetischer Ausdruck⟩ ⟨Parameterbegrenzer⟩ ⟨arithmetischer Ausdruck⟩)

inarray (⟨arithmetischer Ausdruck⟩ ⟨Parameterbegrenzer⟩ ⟨Feldbezeichnung⟩)

outarray (⟨arithmetischer Ausdruck⟩ ⟨Parameterbegrenzer⟩ ⟨Feldbezeichnung⟩)

In all diesen Fällen außer dem Aufruf der Prozedur *length* muß der Wert des ersten aktuellen Parameters eine positive ganze Zahl sein, die den vom Programm angesprochenen Eingabe- oder Ausgabekanal kennzeichnet.

3. Wirkungsweise der Prozedurhauptteile

Das Prozedurpaar *insymbol* und *outsymbol* bildet das Übertragungsmittel zwischen den Außenmedien und den Variablen des Programms für einzelne Grundsymbole oder irgendwelche Zusatzsymbole. In jeder der beiden Prozeduren geschieht die Zuordnung zwischen den Grundsymbolen und den Werten der Variablen des Programms durch Abbildung der Folge von Grundsymbolen, welche durch die als zweiter Parameter eingetragene Zeichenkette gegeben ist, auf die positiven ganzen Zahlen 1, 2, 3, . . . in der Reihenfolge von links nach rechts. Mittels dieser Zuordnung wird der als dritter Parameter angegebenen **integer**-Variablen durch die Prozedur *insymbol* derjenige Wert zugewiesen, der dem nächsten am Außenmedium anliegenden Grundsymbol zugeordnet ist. Tritt dieses nächste Grundsymbol nicht in der als zweiter Parameter angegebenen Zeichenkette auf, so wird der Variablen die Zahl 0 zugewiesen. Ist das nächste in der Eingabe anliegende Symbol kein Grundsymbol von ALGOL 60, so wird eine diesem Symbol zugeordnete negative ganze Zahl der Variablen zugewiesen.

In gleicher Weise überträgt die Prozedur *outsymbol* das dem Wert des dritten Parameters zugeordnete Grundsymbol auf das Außenmedium. Ist der Wert des dritten Parameters negativ, so wird ein diesem Wert zugeordnetes Symbol übertragen. Wenn das Außenmedium sowohl von der Prozedur *insymbol* als auch von der Prozedur *outsymbol* angesprochen werden kann, so muß die Zuordnung zwischen den negativen ganzzahligen Werten und den Zusatzsymbolen bei beiden Prozeduren selbstverständlich dieselbe sein. Allgemeiner, wenn Zusatzsymbole benutzt werden, müssen die zugeordneten Werte dem Programm als Begleitinformation beigegeben werden (vgl. die Fußnote in Abschnitt 1 des Revidierten Berichts über die algorithmische Sprache ALGOL 60).

Die Funktionsprozedur *length* wurde eingeführt, um die Länge einer gegebenen (aktuellen oder formalen) Zeichenkette berechnen zu können (vgl. Beispiel *outstring*). Unter dem Wert von *length* (*s*) wird die Anzahl der Grundsymbole der offenen Zeichenkette verstanden, die zwischen den äußersten Kettenanführungszeichen eingeschlossen ist.

Die beiden Prozeduren *inreal* und *outreal* bilden ein Paar. Die Prozedur *inreal* weist den nächsten am Außenmedium anliegenden Wert der als zweiter Parameter angegebenen **real**-Variablen zu. In gleicher Weise überträgt die Prozedur *outreal* den Wert des zweiten aktuellen Parameters auf das Außenmedium.

Die Darstellung der Werte auf den Außenmedien wird nicht näher beschrieben. Falls ein Medium sowohl für die Eingabe als auch für die Ausgabe benutzt werden kann, wird jedoch angenommen, daß ein Wert, der durch Aufruf der Prozedur *outreal* auf ein gegebenes Medium übertragen wurde, dort so dargestellt wird, daß derselbe Wert (im Sinne der numerischen Analysis, vgl. Abschn. 3.3.6) mittels der Prozedur *inreal* wieder einer Variablen zugewiesen werden kann, vorausgesetzt natürlich, daß das Außenmedium schon entsprechend eingestellt ist.

Die Prozeduren *inarray* und *outarray* bilden ebenfalls ein Paar. Sie übertragen den geordneten Satz von Zahlen, der den Wert des als zweiter Parameter angegebenen Feldes darstellt. Die Feldgrenzen dieses Feldes sind durch die entsprechende Feldvereinbarung definiert und nicht durch zusätzliche Parameter (der entsprechende Mechanismus ist in ALGOL 60 schon für den Wertaufruf von Feldern vorhanden). Die Reihenfolge, in der die Elemente des Feldes übertragen werden, entspricht der lexikographischen Ordnung der Werte der Indizes, d. h.

$$a\,[k_1, k_2, \ldots, k_m] \quad \text{wird vor} \quad a\,[j_1, j_2, \ldots, j_m]$$

übertragen, wenn

$$\left.\begin{array}{ll} k_i = j_i & (i = 1, 2, \ldots, p-1) \\ \text{und} & \\ k_p < j_p & \end{array}\right\} (1 \leqq p \leqq m) \qquad (2)$$

ist.

Es ist zu beachten, daß die möglicherweise mehrdimensionale Struktur des Feldes sich nicht in den entsprechenden Zahlen auf dem Außenmedium widerspiegelt. Die Zahlen treten nur als lineare Folge wie in (2) definiert auf.

Für die Darstellung der Zahlen auf dem Außenmedium gilt dasselbe wie bei den Prozeduren *inreal* und *outreal*. Es ist also z. B. möglich, Zahlen durch *inreal* einzugeben, die vorher durch *outarray* ausgegeben wurden.

4. Beispiele

```
procedure outboolean (Kanal, boolean); value boolean; integer Kanal;
    Boolean boolean; comment diese Prozedur gibt einen Boolean-Wert als Grund-
    symbol true oder false aus;
    if boolean then outsymbol (Kanal, 'true', 1)
               else outsymbol (Kanal, 'false', 1)

procedure outstring (Kanal, Zeichenkette); value Kanal; integer Kanal; string
    Zeichenkette; comment gibt die string Zeichenkette auf das Aussenmedium aus;
    begin integer i;
          for i: = 1 step 1 until length (Zeichenkette) do
          outsymbol (Kanal, Zeichenkette, i)
    end

procedure ininteger (Kanal, integer); value Kanal; integer Kanal, integer;
    comment gibt eine ganze Zahl ein, die auf dem Aussenmedium als Ziffernfolge
    steht, von einem Komma gefolgt wird und der ein Vorzeichen vorangehen darf.
    Jedes andere Symbol vor dem Vorzeichen wird ignoriert;
    begin integer n, k; Bolean b;
          integer := 0; b: = true;
          for k := 1, k + 1 while n = 0 do insymbol (Kanal,'0123456789—
              +', n);
          if n = 11 then b: = false; if n > 10 then n := 1;
          for k := 1, k + 1 while n ≠ 13 do
          begin integer: = 10 × integer + n — 1;
                insymbol (Kanal, '0123456789—+,', n)
                end 1;
                if ¬ b then integer := — integer
    end

begin
     begin array a [1: 10];
           <Anweisungen>;
           outarray (15, a)
     end;
     begin array b [0 : 1, 1 : 5];
           inarray (15, b);
           <Anweisungen>
     end
end
```

Das folgende Beispiel veranschaulicht den Gebrauch der Prozeduren *inarray* und *outarray* bei der Inversion einer Matrix einschließlich Übertragung der Matrixelemente vom und zum Außenmedium. Dazu ist erforderlich, daß eine geeignete Vereinbarung für die Prozedur *Matrixinversion* wie auch die oben angegebene Vereinbarung für die Prozedur *outstring* an passenden Stellen in das Programm eingefügt sind.

```
begin integer n;
      inreal (5, n); comment den Matrixelementen muss die Ordnung der Matrix
      vorangehen;

      begin array a [1 : n, 1 : n];
            inarray (5, a);
            Matrixinversion (n, a, singulaer);
            outarray (15, a);
            goto ex
      end;
      singulaer: outstring (15, 'singulaer');
      ex:
end
```

5. Schlußbemerkungen

Die WG 2.1 beschränkt sich auf die oben angeführten Vorschläge für Eingabe- und Ausgabeprozeduren, möchte aber die Aufmerksamkeit auf "*A proposal for input-output conventions in ALGOL 60*", herausgegeben vom ACM Komitee Programmierungssprachen (Subkomitee ALGOL, Vorsitzender D. E. Knuth), und die umfassende Literaturliste am Ende des genannten Berichts lenken.

Der vorliegende Bericht wurde vom IFIP/TC 2 — Programmierungssprachen im Mai 1964 geprüft und vom Council of the International Federation for Information Processing gebilligt. Nachdruck dieses Berichts ist grundsätzlich nur in ungekürzter Fassung erlaubt.

International Federation for Information Processing
Working Group 2.1 — ALGOL
Vorsitzender: W. L. van der Poel
Technische Universität Delft
Delft, Niederlande

ALPHABETISCHES VERZEICHNIS DER BEGRIFFSDEFINITIONEN UND SYNTAKTISCHEN EINHEITEN

— viersprachig, nach den deutschen Begriffen geordnet —

Alle Hinweise beziehen sich auf die Abschnittsnummern. Die Hinweise sind in drei Gruppen gegliedert:

def Nach der Abkürzung „def“ folgt der Hinweis auf die syntaktische Definition

[1]) In die Spalte der deutschen Begriffe wurden auch die ALGOL-Wortsymbole mit eingeordnet.

synt Nach der Abkürzung „synt“ stehen Hinweise, die sich auf das Vorkommen in metalinguistischen Formeln beziehen. Hinweise, die bereits in der def-Gruppe aufgeführt sind, werden nicht wiederholt.

text Nach dem Wort „text“ stehen Hinweise auf Definitionen, die im Text angegeben sind.

Die Grundsymbole, die durch Zeichen und nicht durch unterstrichene (fettgedruckte, Anmerkung d. Hrsgs.) Worte dargestellt werden, sind am Anfang zusammengestellt worden. Die Beispiele sind bei der Zusammenstellung des Verzeichnisses nicht berücksichtigt worden.

englisch	französisch	russisch
plus	plus	плюс
minus	moins	минус
multiply	multiplier	умножить
divide	diviser	делить
exponentiation	exponentiation	возведение в степень
⟨relational operator⟩	⟨opérateur de relation⟩	⟨операция отношения⟩
⟨logical operator⟩	⟨opérateur logique⟩	⟨логическая операция⟩
comma	virgule	запятая
decimal point	point	десятичная точка
ten	dix	десять
colon	deux points	двоеточие
semicolon	point-virgule	точка с запятой
colon equal	signe d'affectation	двоеточие равенство
space	espace	пробел
parentheses	parenthèses	скобки
subscript brackets	crochets d'indices	индексные скобки
string quotes	crochets de chaînes	кавычки для строк
⟨actual parameter list⟩	⟨liste de paramètres effectifs⟩	⟨список фактических параметров⟩
⟨actual parameter⟩	⟨paramètre effectif⟩	⟨фактический параметр⟩
⟨actual parameter part⟩	⟨partie paramètres effectifs⟩	⟨совокупность фактических параметров⟩
alphabet	alphabet	алфавит
⟨statement⟩	⟨instruction⟩	⟨оператор⟩
statement bracket see: **begin end**	crochet d'instruction voir: **begin end**	скобка оператора смотри: **begin end**

Fortsetzung

englisch	französisch	russisch
⟨arithmetic expression⟩	⟨expression arithmétique⟩	⟨арифметическое выражение⟩
⟨arithmetic operator⟩	⟨opérateur arithmétique⟩	⟨арифметическая операция⟩
⟨expression⟩	⟨expression⟩	⟨выражение⟩
⟨conditional statement⟩	⟨instruction conditionelle⟩	⟨условный оператор⟩
⟨delimiter⟩	⟨délimiteur⟩	⟨органичитель⟩
⟨specifier⟩	⟨spécificateur⟩	⟨спецификация⟩
⟨specification part⟩	⟨partie spécification⟩	⟨совокупность спецификаций⟩
scope	portée	область действия
⟨identifier⟩	⟨identificateur⟩	⟨идентификатор⟩
⟨identifier list⟩	⟨liste d'identificateurs⟩	⟨список идентификаторов⟩
⟨block⟩	⟨bloc⟩	⟨блок⟩
⟨block head⟩	⟨en-tête de bloc⟩	⟨начало блока⟩
⟨letter⟩	⟨lettre⟩	⟨буква⟩
⟨letter string⟩	⟨chaîne de lettres⟩	⟨строка букв⟩
⟨code⟩	⟨code⟩	⟨код⟩
⟨decimal fraction⟩	⟨partie décimale⟩	⟨десятичная дробь⟩
decimal point	point	десятичная точка .
⟨decimal number⟩	⟨nombre décimal⟩	⟨десятичное число⟩
dimension	dimension	размерность
divide / ÷	diviser / ÷	делить / ÷
colon :	deux points :	двоеточие :
⟨proper string⟩	⟨chaîne propre⟩	⟨правильная строка⟩
⟨simple arithmetic expression⟩	⟨expression arithmétique simple⟩	⟨простое арифметическое выражение⟩
⟨simple Boolean⟩	⟨expression Booléenne simple⟩	⟨простое булевское выражение⟩
⟨simple designational expression⟩	⟨expression de désignation simple⟩	⟨простое именующее выражение⟩
⟨simple variable⟩	⟨variable simple⟩	⟨простая переменная⟩
⟨primary⟩	⟨primaire arithmétique⟩	⟨первичное выражение⟩
entier	*entier*	*entier*
⟨assignment statement⟩	⟨instruction d'affectation⟩	⟨оператор присваивания⟩
colon equal :=	signe d'affectation :=	двоеточие равенство :=
⟨exponent part⟩	⟨facteur de cadrage⟩	⟨десятичный порядок⟩

Fortsetzung

englisch	französisch	russisch
⟨factor⟩	⟨facteur⟩	⟨множитель⟩
array	tableau	массив
⟨array identifier⟩	⟨identificateur de tableau⟩	⟨идентификатор массива⟩
⟨array list⟩	⟨liste de tableau⟩	⟨список массивов⟩
⟨array segment⟩	⟨section de tableau⟩	⟨сегмент массива⟩
⟨array declaration⟩	⟨déclaration de tableau⟩	⟨описание массивов⟩
⟨sequential operator⟩	⟨opérateur séquentiel⟩	⟨операция следования⟩
⟨formal parameter list⟩	⟨liste de paramètres formels⟩	⟨список формальных параметров⟩
⟨formal parameter⟩	⟨paramètre formel⟩	⟨формальный параметр⟩
⟨formal parameter part⟩	⟨partie-paramètres formels⟩	⟨совокупность формальных параметров⟩
⟨function designator⟩	⟨indicateur de fonction⟩	⟨функция⟩
⟨integer⟩	⟨entier⟩	⟨целое⟩
⟨unsigned integer⟩	⟨entier sans signe⟩	⟨целое без знака⟩
⟨bound pair list⟩	⟨liste de paires de bornes⟩	⟨список граничних пар⟩
⟨bound pair⟩	⟨paire de bornes⟩	⟨граничная пара⟩
quantity	quantité	величина
⟨basic statement⟩	⟨instruction de base⟩	⟨основной оператор⟩
⟨basic symbol⟩	⟨symbole de base⟩	⟨основной символ⟩
⟨implication⟩	⟨implication⟩	⟨импликация⟩
subscript	indice	индекс
⟨subscript expression⟩	⟨expression en indice⟩	⟨индексное выражение⟩
subscript bounds	bornes d'indices	границы индексов
subscript brackets [ ]	chrochets d'indices [ ]	индексные скобки [ ]
⟨subscript list⟩	⟨liste d'indices⟩	⟨список индексов⟩
⟨subscripted variable⟩	⟨variable indicée⟩	⟨переменная с индексами⟩
string quotes ' '	crochets de chaînes ' '	кабычки для строк ' '
⟨bracket⟩	⟨parenthèse⟩	⟨скобка⟩
parentheses ( )	parenthèses ( )	скобки ( )
comma ,	virgule ,	запятая ,
comment convention	convention commentaire	правило для примечаний
⟨for statement⟩	⟨instruction POUR⟩	⟨оператор цикла⟩
⟨for clause⟩	⟨proposition POUR⟩	⟨заголовок цикла⟩

Fortsetzung

englisch	französisch	russisch
⟨for list⟩	⟨liste de POUR⟩	⟨список цикла⟩
⟨for list element⟩	⟨element de liste de POUR⟩	⟨элемент списка цикла⟩
⟨dummy statement⟩	⟨instruction vide⟩	⟨пустой оператор⟩
⟨empty⟩	⟨vide⟩	⟨пусто⟩
⟨left part⟩	⟨partie gauche⟩	⟨левая часть⟩
⟨left part list⟩	⟨liste de parties gauches⟩	⟨список левой части⟩
⟨Boolean expression⟩	⟨expression Booléenne⟩	⟨логическое выражение⟩
⟨Boolean primary⟩	⟨primaire Booléen⟩	⟨первичное логическое выражение⟩
⟨Boolean secondary⟩	⟨secondaire Booléen⟩	⟨вторичное логическое выражение⟩
⟨Boolean factor⟩	⟨facteur Booléen⟩	⟨логический множитель⟩
⟨logical operator⟩	⟨opérateur logique⟩	⟨логическая операция⟩
⟨Boolean term⟩	⟨terme Booléen⟩	⟨логический терм⟩
⟨logical value⟩	⟨valeur logique⟩	⟨логическое значение⟩
local	local	локализованный
⟨local or own type⟩	⟨type local ou rémanent⟩	⟨локализованный или собственный тип⟩
⟨label⟩	⟨étiquette⟩	⟨метка⟩
minus −	moins −	минус −
⟨multiplying operator⟩	⟨opérateur multiplicatif⟩	⟨операция типа умножения⟩
multiply ×	multiplier ×	умножить ×
successor	successeur	преемник
non-local	non local	нелокализованный
⟨unlabeled basic statement⟩	⟨instruction non étiquetée de base⟩	⟨непомеченный основной оператор⟩
⟨unlabeled block⟩	⟨bloc non étiqueté⟩	⟨непомеченный блок⟩
⟨unlabeled compound⟩	⟨composée nonétiquetée⟩	⟨непомеченний составной⟩
⟨upper bound⟩	⟨borne supérieure⟩	⟨верхняя граница⟩
⟨open string⟩	⟨chaîne ouverte⟩	⟨открытая строка⟩
⟨operator⟩	⟨opérateur⟩	⟨операция⟩
⟨parameter delimiter⟩	⟨délimiteur de paramètres⟩	⟨ограничитель параметра⟩
plus +	plus +	плюс +
exponentiation ↑	exponentiation ↑	возведение в степень ↑
⟨program⟩	⟨programme⟩	⟨программа⟩
⟨procedure statement⟩	⟨instruction procédure⟩	⟨оператор процедуры⟩
⟨procedure identifier⟩	⟨identificateur de procédure⟩	⟨идентификатор процедуры⟩

Fortsetzung

englisch	französisch	russisch
⟨procedure body⟩	⟨corps de procédure⟩	⟨процедура⟩
⟨procedure heading⟩	⟨tête de procédure⟩	⟨заголовок процедуры⟩
⟨procedure declaration⟩	⟨déclaration de procédure⟩	⟨описание процедуры⟩
arithmetic	arithmétique	арифметика
semicolon ;	point-virgule ;	точка с запятой ;
⟨specificator⟩	⟨spécifieur⟩	⟨спецификатор⟩
⟨go to statement⟩	⟨instruction ALLER A⟩	⟨оператор перехода⟩
standard function	fonction standard	стандартная функция
⟨adding operator⟩	⟨opérateur additif⟩	⟨операция типа сложения⟩
⟨term⟩	⟨terme⟩	⟨терм⟩
⟨separator⟩	⟨séparateur⟩	⟨разделитель⟩
⟨type⟩	⟨type⟩	⟨тип⟩
⟨type list⟩	⟨liste de types⟩	⟨список типа⟩
⟨type declaration⟩	⟨déclaration de type⟩	⟨описание типа⟩
transfer function	fonction de transfert	функция преобразования
⟨unconditional statement⟩	⟨instruction inconditionelle⟩	⟨безусловный оператор⟩
⟨lower bound⟩	⟨borne inférieure⟩	⟨нижняя граница⟩
⟨variable⟩	⟨variable⟩	⟨переменная⟩
⟨variable identifier⟩	⟨identificateur de variable⟩	⟨идентификатор переменной⟩
⟨compound statement⟩	⟨instruction composée⟩	⟨составной оператор⟩
⟨compound tail⟩	⟨fin d'instruction composée⟩	⟨конец составного⟩
⟨declaration⟩	⟨déclaration⟩	⟨описание⟩
⟨declarator⟩	⟨déclarateur⟩	⟨описатель⟩
⟨relation⟩	⟨relation⟩	⟨отношение⟩
⟨relational operator⟩	⟨opérateur de relation⟩	⟨операция отношения⟩
⟨switch identifier⟩	⟨identificateur d'aiguillage⟩	⟨идентификатор переключателя⟩
⟨switch list⟩	⟨liste d'aiguillage⟩	⟨переключательный список⟩
⟨switch declaration⟩	⟨déclaration d'aiguillage⟩	⟨описание переключателя⟩
⟨if statement⟩	⟨instruction SI⟩	⟨условие⟩
⟨if clause⟩	⟨proposition SI⟩	⟨оператор ,,если''⟩
value	valeur	значение

englisch	französisch	russisch
⟨value part⟩	⟨partie valeur⟩	⟨список значений⟩
⟨number⟩	⟨nombre⟩	⟨число⟩
⟨unsigned number⟩	⟨nombre sans signe⟩	⟨число без знака⟩
ten ₁₀	dix ₁₀	десять ₁₀
⟨string⟩	⟨chaîne⟩	⟨строка⟩
⟨designational expression⟩	⟨expression de désignation⟩	⟨именующее выражение⟩
⟨switch designator⟩	⟨indicateur d'aiguillage⟩	⟨указатель переключателя⟩
⟨digit⟩	chiffre	⟨цифра⟩
space ␣	espace ␣	пробел ␣

Bei Fragen zur Produktsicherheit wenden Sie sich bitte an:
If you have any questions regarding product safety,
please contact:

Walter de Gruyter GmbH
Genthiner Straße 13
10785 Berlin
productsafety@degruyterbrill.com